重构新零售
后电商时代
家居经销商企业转型战略

RESTRUCTURING
NEW RETAIL
The Transformation Strategy of Furniture
Dealers in the Post-e-Commerce Era

唐磊◎著

广东旅游出版社
GUANGDONG TRAVEL & TOURISM PRESS
悦读书·悦旅行·悦享人生

中国·广州

图书在版编目（CIP）数据

重构新零售：后电商时代家居经销商企业转型战略 / 唐磊著. —广州：广东旅游出版社，2019.4
ISBN 978-7-5570-1584-8

Ⅰ.①重… Ⅱ.①唐… Ⅲ.①建筑材料—网络营销 Ⅳ.①F765-39

中国版本图书馆CIP数据核字（2018）第271153号

出 版 人：刘志松
责任编辑：梅哲坤

重构新零售：后电商时代家居经销商企业转型战略
CHONGGOU XINLINGSHOU：HOU DIANSHANG SHIDAI JIAJU JINGXIAOSHANG QIYE ZHUANXIANG ZHANLÜE

广东旅游出版社出版发行
地址：广州市越秀区环市东路338号银政大厦西楼12层
邮编：301815
电话：020-87348243
广东旅游出版社图书网
（网址：www.tourpress.cn）
印刷：天津文林印务有限公司
（地址：天津市宝坻区新开口镇产业功能区天通路南侧21号）
开本：787毫米×1092毫米　1/16
字数：130千字
印张：12.5
版次：2019年4月第1版
印次：2019年4月第1次印刷
定价：48.00元

【版权所有 侵权必究】

本书如有错页倒装等质量问题，请直接与印刷厂联系换书

目录
Contents

前言　新零售，新通道　　V

PART 1　发展困局、发展趋势与发展新机

家居行业到底怎么了　　3

传统企业成为信息孤岛　　7

新零售成为家居行业的新入口　　9

案例　银泰百货商场打造了全新的全渠道零售模式　　12

家居行业的未来："VR + 互联网"　　23

案例　橙家的全流程一体化O2O闭环　　27

PART 2　家居行业的裂变与整合

市场争夺日益激烈　　31

微利时代来临　　35

行业整合将带来"巨无霸"企业　　39

从产品设计到企业设计　　40

案例　红星美凯龙的家居4.0　47

案例　艾佳生活——打造家的滴滴　48

PART 3　打造新时代的家居品牌

品牌人格化　53

用户体验是关键　56

提高产品价值是优化用户体验的关键　58

家居企业如何变身成"网红"　61

进行场景革命和人性营销　67

加速用户定价时代的到来　68

案例　顾家床垫跟年轻人"谈恋爱"　70

PART 4　定制家居引领发展新潮流

互联网带来消费者主权时代　75

帮你读懂消费者心理　82

标准化家装的三步走战略　87

由营销转变为行销　93

"N＋1=满意度"　95

案例　积木易搭——云渲染满足个性需求　97
案例　酷家乐的完美家装与"VR＋"　100

PART 5　家居行业的O2O模式和OAO模式

那些成功的实体店都在做什么　105
O2O：家居行业开辟第二战场的必经之路　110
零售业的进化："人、货、场"　113
C2B模式：电商销售最为独特的商业模式　116
OAO：家居行业发展新趋势　118
案例　三棵树"我要装到底"，马上住新家　122
案例　宜家的O2O经营模式　124

PART 6　让商业的重心回归到人

如何在门店内留住消费者的脚步　129
寻找适合做销售的员工　134
快速打造一支核心团队　137

PART 7 "高大上"的物联网智能家居

工业 4.0 助推行业发展　　143

创新升级是一场亟待解决的"攻坚战"　　145

智能家居的新定义　　147

智能家居的安全问题　　153

案例　硬糖——智能家居，让生活更美好　　156

案例　思和咨询——把社群引入家居行业　　159

PART 8 "互联网+"时代的新物流体系

我国物流信息化的现状　　165

物流信息化的必要性　　167

"人找货"转变为"货找人"　　172

案例　家哇云的"SaaS+"之路　　175

案例　沃尔玛给家居行业的启示　　177

尾声

前言　新零售，新通道

产业变革每时每刻都在发生着。传统的家居零售领域正面临着一个新问题，那就是在新的时代背景下什么样的观点和命题才符合新的市场。传统的家居行业发展到今天，已经重构和裂变，整个家居行业未来的发展模式和今天的发展模式将完全不同。只有找到新零售未来的发展趋势，才能找到中国诞生世界级企业的方法和新的机会。三十多年以来，中国还没有一家家居企业成为世界级的企业，还没有一家企业突破"一百亿的魔咒"。作为企业，该如何适应这样的变革？这就是在本书中我要和大家分享的内容。

2015年思和咨询公司成立的时候就提出了一个观点：有人说2015年是移动互联网的元年，连接、体验和生态，是指引家居行业2015年变革发展的三个关键词。2016年召开的第一届家居互联网领袖峰会上，我们又提出了新的关键词：重构、跨界和链接，家居行业将产生新的链接方式。2016年开始，互联网家装、互联网软装都在蓬勃发展，传统企业在2016年都遇到了巨大的挑战和拐点。2017年是家居行业新的起点，从2017年开始，行业面临新零售变革并将持续。

"新零售"一词来自阿里巴巴集团创始人马云的一次演讲。在演讲中，马云提到未来中国的企业发展将被"五个创新"颠覆产生变革，其中最核心的就是新零售。基于对新零售的思考，家居行业将如何应用？未来会产生哪些新的商业机会？我也希望我们的探索和成果能够指引家居行业未来十年的发展。新零售，意味着时代在发生变化，当新时代来临的时候，能否顺应时代，顺势而为，是我们这一代企业家需要思考的问题。只有顺应时代的企业，没有成功的企业！思和咨询公司成立时便确定了公司的愿景和使命：通过链接家居行业新十年，打造领先于同行业的服务生态圈，我们要找到家居行业未来十年的超级风口，成为整个行业变革的推动力量，摸索出一条家居行业未来的增长路径。

我们看到红星美凯龙开设了200家分店，我们也看到中国整个零售行业出现了关店潮，仅2016年的数据已经超乎想象——每个月都有大量的商场倒闭。中国零售行业到底发生了什么问题？我们还发现，家居行业已经变成天猫线上电商的第三大类目。整个零售行业都面临经营的寒冬，作为零售行业中最大品类之一的家居行业也不可能例外。

过去中国企业要学习标杆。在产品为王的时代有一家做鞋的企业叫百丽鞋业，其生产的鞋子号称"全国最棒"。在渠道为王的时代，百丽鞋业在全中国开了1.3万家门店；在品牌为王的时代，百丽旗下经营近20个一线男女鞋品牌。可以说不管是产品竞争、渠道竞争还是品牌竞争，百丽都是中国零售行业绝对的标杆。但是，近年来标杆崩塌了！百丽平均每天关闭3家门店。中国鞋业的零售之王，平均每天关店3家！为什么？到底是因为互联网电商的冲击，还是因为百丽出现了问题？

一直以来百丽每天每家门店人流量都在100位以上，但是百丽没有用户数据的沉淀，不知道谁进了门店，不知道客户有什么样的爱好，不知道客户有什么样的画像和标签，更不知道客户买完鞋以后还买了什么。没有用户数据的收集与整合是百丽最大的硬伤。百丽由兴转衰告诉我们，要想成为新零售时代产业的龙头企业，必须完成数据的收集分析与整合。所以，今天我们看到了大量优秀零售企业崛起，例如名创优品短短几年时间就能做到几百亿元的销售额，成为百货零售行业增长的黑马。这些企业背后都有巨大的商业逻辑。这些逻辑是什么？那就是未来十年没有电子商务一说，只有新零售一说，线上线下物流必须结合才能诞生真正的新零售。这话是马云说的。而我们可以站在巨人的肩膀上来重新思考家居行业，思考家居行业的路到底该怎么走。

在手工业时代，是产品为王；工业时代，变成渠道为王；在互联网商时代，我们看到了垂直电商的崛起，这个时代我们说流量为王。最近这五年，大家在提O2O（指线上网店线下消费），我们非常清楚家居行业已变成整个中国零售品牌第三大品类，但不知道这背后的数据有多少是各企业通过线下产生的。所以，在O2O时代是用户为王——你有线下的客户，有大量的入口，线上的店铺才有机会。

马云说，未来十年只有一种企业，叫新零售企业，新零售企业不是用户为王了，它是数据为王。在数据为王的前提条件下，家居行业将产生千亿、万亿级规模的企业，比如众所周知的尚品宅配、索菲亚、曲美。今天的互联网家装品牌，如橙家、构家，这些代表家居行业的新生物种正在崛起。2013年，诺基亚手机被微软收购，但诺基亚真正衰落的拐点不是2013年，而是2007年苹果手机上市。这让我们知道了一件事情，那就是新的时代来临时有巨大的隐蔽性，同时具有破坏性。我们可以预见，在数据为王的时代，全球的零售企业可能易主，新零售企业将主导产业的未来。

所以，随着新零售数据时代的来临，产业边界、企业规模、技术革新、新的消费场景革命将全面来临。传统家居行业地产、地段、店面、位置的销售模式将慢慢转化成用户的数据、数量、粉丝。技术的变革将持续推动行业发展，无论是O2O技术、三维云设计还是VR（虚拟现实技术）、智能制造工业4.0、C2B（消费者直接对企业定制）……技术的变革诞生了全新的消费场景。消费者需要的不是产品有多便宜，而是找到适合自己家庭的解决方案。重构正在来临！新零售时代正在来临！

时代在发展，形势在变化。我们预测，家居行业将裂变成三个万亿级的超级矩阵：以互联网家装为入口，来带动成品家装市场万亿级的规模，颠覆了传统的卖场、家装公司、经销商形成的铁三角格局；以定制家居为入口，带动客厅、书房、厨房、板式、板木、实木、软体等全面家居产业的重构裂变；未来十年以软装设计、拎包入住为入口，带动整个软装宅配万亿级的市场。在新的时代谁也逃不了，所有的方式都在产生变化，未来没有传统企业和互联网企业之分，所有的家居企业都变成互联网企业，未来80%的代理商也都将裂变为服务商和运营商。目前大家居领域的上市公司已经有了六十多家，整个家居行业都在思考为什么资本市场对某些家居的品类如此关注。过去，传统企业大佬根本不关注家居行业，但是现在很多人进入了家居行业，恒大、碧桂园、万科、链家、海尔、小米、京东、百度、阿里、腾讯等企业都涉足家居行业，有150家互联网家装软装公司拿到了一级市场的投资。大量巨头和资本的涌入，意味家居行业将会诞生千亿规模的企业。

把互联网和金融结合在一起，打造一个全新的家居行业，这个商业模式会如何变化？过去我们提出了场景革命："人、货、场"，实现"人、货、场"的场景化，形成"以人为中心"的连接逻辑。星巴克卖的不是咖啡而是休闲，传统的饮食行业也不是只靠火锅。零售行业面临全新的变革，马云提出了线上线下物流"三角"作为零售行业未来的发展模式。我顺应马云提出的"三角"概念，也提出家居行业的新零售模型：第一是线上。第二是线下的展厅，它不再受制于产品的边界、面积；将智能展厅、语音技术等新技术融入家居的终端展厅。未来的展厅不一定是两万平方米的店，可能会变成两百平方米的小微店或者二十平方米的迷你店。第三是通过供应链把客户打通，形成全新的通道，电商、展厅、供应链背后全部都是用户数据。这是这个时代新的变革——通过打通客户流、资金流、产品流，来影响整个家居行业研、产、销链条，从厂家到商家再到消费者，变成从消费者到厂家的全新链条。这将是家居行业全新的商业物种。在这个过程中，互联网的本质就是解决用户的三个核心问题：成本、效率和体验。结合客户流、资金流、产品流，结合线上门店供应链，打造全新的家居行业新零售的模型。不管你是陶瓷企业还是传统的定制衣柜企业，抑或是传统沙发企业，只要你运用这个模型，将企业的所有数据代入到这个模型当中，就会看到整个家居行业未来十年的增长路径，找到自己企业发展的模式和途径。

通过对数据的解读，我们看到未来全新的机会。我将其总结为家居企业通往世界级企业的五个通道。通俗地讲，就是在新零售的趋势之下，到底有哪些生意可做。

第一个通道："互联网+"

若有近150家互联网家装、互联网软装，近10家定制行业正在排队IPO（指首次公开募股），就意味着家居行业未来的互联网风口正在来临，而且正在易主。苹果超过诺基亚，花了整整7年时间。如果说2014年是家居行业变革的原点，可能在未来3~5年我们会看到新鲜的物种成为产业的巨头，挑战工业时代，挑战O2O时代的品牌格局。

第二个通道：B2B供应

企业竞争的战略核心是成本制造和差异化。成本制造的核心是产品制造的低成本优势。今天的优势基于互联网整装的B2B（企业对企业营销）供应、家居行业的产品供应、精装修的整装供应，未来尚品宅配、索菲亚、曲美、顾家的差异会越来越小，所以未来谁有成本制造优势，谁有B2B供应，谁就有大的增长。

第三个通道：服务商

中国家居行业的经销商巨头正在裂变，分化重组。过去华耐做到40亿元规模，未来零售额要达到100亿元，通过传统的代理在全国开1300家门店。传统的模式竞争在于开店越多，竞争优势越大。今天华耐在变革，变革成服务商，将物流、仓储管理、最后一公里的服务全面打造成平台。东箭也是一家非常优秀的流通商，打造一个叫优采宝的运营体系，在全中国开拓100个运营商。总之，经销商迎来全面发展的机会，互联网家装、互联网软装、全屋定制等品牌运营商和服务商正在裂变重构。

第四个通道：产融互动

一手资本一手互联网，结合传统行业是企业的全新增长模式。今天家居行业有大量的IPO，六十多个上市公司。在上市公司领域，大家居行业已经形成巨大产业矩阵。家居行业还将迎来资本并购的大浪潮，家居行业的并购基金、产业基金、产融互动合作的模式都在兴起。我们看到了购家宝、家金所，看到了建设银行等一个个金融创新服务平台，这些都将产生巨大的资本价值。

第五个通道：重度垂直平台

只要是抢占入口的企业，都会有巨大的机会，都能变成一个小的生态圈、一个小的平台整合业主、工长、家装业务、团购、技术等，甚至思和咨询公司通过社群的角度来整合服务商，也能形成重度垂直平台。随着时间的推移你可以发现，这些小的公司都有可能变成良性的生态圈，这些小的生态圈又都可以裂变为大的平台。专注家居行业的服务链条，这是家居企业通向未来的第五个通道。

如果你比别人提前了解家居行业的发展变化趋势，未来就会掌握更多的主动权。未来属于有前瞻性思维的企业家，未来不远，未来正向我们走来。新零售时代已经来临，在这个时代一定会诞生世界级的家居企业！谁将成为中国的家得宝？谁能成为中国的宜家？让我们拭目以待。

PART 1

发展困局、发展趋势与发展新机

家居行业到底怎么了

2016年，中国的零售业迎来了一场暴风雪。据相关统计显示，2016年上半年，主要的零售企业，如华润万家、家乐福、沃尔玛等超市，如百盛、西单商场、华联商厦、新华百货等购物中心，都出现了关店潮（具体情况如表1-1所示）。作为中国零售行业的一个重要品类，家居行业也不可避免。产品种类单一和同质化等问题，严重影响着中国家居行业的发展方向与发展进程。

我们来看一组数据：

2013年，东方家园建材超市作为中国最大的连锁建材超市，因陷入经营困境，宣布关店破产；

2014年，百安居在连续8年的亏损之后，忍痛将70%的股权转让给了物美；

2015年，创美家居，这个历史悠久的成都家居卖场，因为业务模式等原因宣布停业；

同年，南京家居乐建材超市江东门店也突然宣布停业。

表 1-1 2016上半年主要零售企业关店统计表

业态	企业	城市	门店	面积（m²）	关店时间（年）	开业时间（年）
百货商场、购物中心	百盛	西安	东大街店	19000	2016	1998
		重庆	大坪店	不详	2016	1995
	摩尔百货	成都	天府店	30000	2016	2002
	NOVO百货	重庆	大融城店	3500	2016	2013
	来雅百货	泉州	中骏世界城店	35000	2016	2014
	友谊商店	广州	南宁店	20000	2016	2007
	华联商厦	成都	成都店	不详	2016	1994
	天虹商场	深圳	深南君尚百货	20000	2016	2014
	哈韩百货	长春	桂林路店	不详	2016	2014
	喜乐地购物中心	长沙	万家丽路	80000	2016	2007
	西单商场	北京	十里堡店	14000	2016 2010	不详
	南京八佰伴	南京	南京店	25000	2016	2008
	世纪金花	银川	银川店	10000	2016	2010
	金鹰商贸	合肥	宿州路店	80000	2016	2010
	新华百货	银川	东方红店	46000	2016	2011
超市	沃尔玛	合肥	长江东路店	7000	2016	2010
		无锡	青石路店	不详	2016	2009
		巢湖	健康东路店	12000	2016	2010
		淮北	人民路店	不详	2016	2009
		滁州	明光路店	7200	2016	2012
		合肥	合作化南路店	不详	2016	不详
		芜湖	花津中路店	不详	2016	2011
		济南	阳光新路店	14000	2016	2011
		烟台	海港路店	15000	2016	2006
		烟台	天府街店	12000	2016	2010

（续表）

业态	企业	城市	门店	面积（m²）	关店时间（年）	开业时间（年）
超市	百佳超市	广州	中旅店	1000	2016	1999
		东莞	聚福豪苑店	不详	2016	2004
		广州	康王路店	3000	2016	2012
		广州	珠江俊园店	不详	2016	2010
		成都	新城市广场店	13000	2016	2005
		成都	来福士Treat店	不详	2016	2012
		成都	国际金融中心店	4000	2016	2014
	家乐福	广州	金沙店	10000	2016	2005
		新乡	平原路店	8000	2016	2012
		温州	汤家桥店	10000	2016	2014
	永旺	青岛	延吉路店	6000	2016	2009
		苏州	美思佰乐东环店	不详	2016	2014
	华润万家	郑州	嵩山路店	不详	2016	2005
	华润苏果	武汉	后湖大道店	20000	2016	2014
	大商集团	抚顺	将军店	不详	2016	2006
	亿佰家	成都	成都店	2000	2016	2018

注：以上关店信息来自新闻报道和公司年报，如有遗漏，欢迎指正。

上述数据告诉我们一个事实：曾经辉煌一时的中国家居行业进入了发展瓶颈期。中国的家居行业为什么会陷入这样的困境中呢？我认为，原因大概有以下两个方面。

同质化产品井喷

可以说，家居行业是一个低门槛行业，一个小作坊、几个工人就能做。不信你可以看一下，全国范围内有多少加工瓷砖、地板、木门的小工厂。一个很小的乡镇工厂，只要雇佣十来个工人，就可以从事生产瓷砖的工作。他们不懂行业的发展趋势，也不在产品创新上投入。这样一来，生产出来的产品难免大同小异，没有特点。由于消费者总数没有明显变化，那些同类型的企业之间就会争夺市场、争夺消费者。结果，很多企业昙花一现，很快就消失了。

行业出现同质化，就意味着没有独特之处，也没有什么核心竞争能力，因此该行业到最后往往会变成一个高危行业——中国家居行业就成为了一个高危行业。

产品种类单一

在家居领域，新的技术不断出现，与此同时就要求家居产品结构做出相应的改变。因为新技术带来消费者新的需要，比如随着VR的出现，消费者不再只看重一种产品，而是越来越注重整体家装的感受。也就是说，消费者不再局限于对某一种产品（比如沙发）的感受，而是更加看重整体装修后的家的舒适度与美观度等。这样一来，如果再按照以往的产品结构进行营销，只销售沙发，或者只销售地板——只销售某一种家居产品，结果很可能会一败涂地。只有对家居产品进行整合，同一家居商同时销售多种家居产品，或者多个家居商相互协作，将彼此的产品进行优化整合，打造样板间，克服产品单一造成的销售局限，这样才能打开家居经销的新局面。

传统企业成为信息孤岛

细心观察和总结分析不难发现,消费者的消费习惯和模式这几年悄然发生着改变。从前,消费者偏向追求产品的功能和性价比,比如同样的家居产品,消费者非常关注其品牌和功能性,同时会着眼于它的设计。现如今,消费者的选择更加多样化,因为品牌的可靠性和功能已成为对产品最基础的要求,所以,追求更高的用户体验和舒适度,才是决定消费者是否愿意

图 1-1 传统企业成为信息孤岛

自掏腰包,最终进行购买的关键。同时,用户体验也决定了顾客能否进行同品牌产品的二次购买或用户忠诚度的养成。这就需要企业注重市场反馈,收集、整理、分析客户信息,并做到信息共享,而我们的传统企业却是信息孤岛。

新零售需要新思路。新的时代就要到来,我们不能再像以往那样考虑问题了,必须有新思路,才能在新时代生存下去。首先,互联网的介入已经变成现实,互联网的崛起不仅带动上游的材料商和中间的经销商,还带动下游的家装公司,把三者串联起来,形成一种铁三角模式。传统家装被互联网时代刷新了"三观",那些与之合作过的经销商和材料商也被时代的变革推动着在其中寻求生存的发展方向,而传统的家装公司,要么等待被颠覆,要么与互联网企业合作,与它们共同串起这条产业链。

目前来看,家居行业的标准是个老大难的问题。因为我们从房地产开发阶段开始,建筑就没有标准,很难学习日本、新加坡的工厂到用户模式。所以,互联网家装可以作为一个新型产品引入,撕开我国家装市场这个超级入口。根据调查研究发现,那些等待在家居市场一展宏图的创业者,是传统家装企业转型的掠夺者,就连房地产商也开始向下游活动,吞噬、和纯线上家装公司抢夺客源,以此带动了定制家居和定制衣柜为入口的新兴企业,更带动了全屋家居发展的空间矩阵。也就是说,过去的成品家居市场被撕开了一个上万亿的有待开发的超级入口。

家居行业的标准将在新的探索和实践中逐渐产生,不断优化。

　　结合市场来看，现在的家居行业购物主体正在向"80后""90后"们倾斜，他们需要的是一整套的解决方案，打通硬装和软装之间的界限，整体家装的时代已经来临。随着消费巨浪的升级时代来临，人们对家装行业的高匹配化程度要求也越来越高，行业逐步趋向流程化和标准化，软装作为家装行业的一个分支，自然也不例外，而整体家居软装行业的发展与居民生活水平提升之间有必然的联系。软装属于快速消费品，用户对软装的需求量比较大，哪怕是一个只做软装的供应链平台，都有可能打造成超级入口。另外，软硬装不能割裂开去看，相比之下，国外软硬装的区分并不明显，整个工业流程标准化，用户要的是最终所见即所得的效果。说到底，家装产品的口碑重于广告，用户觉得好，才能说明产品确实好。

新零售成为家居行业的新入口

　　2016年11月11日，中华人民共和国中央人民政府的官方网站上发布了一篇名为《国务院办公厅关于推动实体零售创新转型的意见》的文章，文中明确提出"适应经济发展新常态，推动实体零售创新转型"，要引导实体零售企业逐步提高信息化水平，将线下物流、服务、体验等优势与线上商流、资金流、信息流融合，拓展智能化、网络化的全渠道布局，培育线上线下融合发展的新型市场主体。

过去人们总是说家居行业是个大行业，有4万亿元的规模，但是业内人士都知道，这4万亿元分散在20个子行业中，比如地板1000亿元、软体沙发和床1000亿元、卫浴1000亿元、实木家具8000亿元等，而且这些子行业之间基本是不抵触的，大家各自为战。但是，在家居一体化和O2O的驱使下，这种情况要发生变化了，家居行业将会发生"内战"，大公司之间拼内力，小公司则顺着风向走，最终行业会被整合成一个新的样貌（如图1-2所示）。

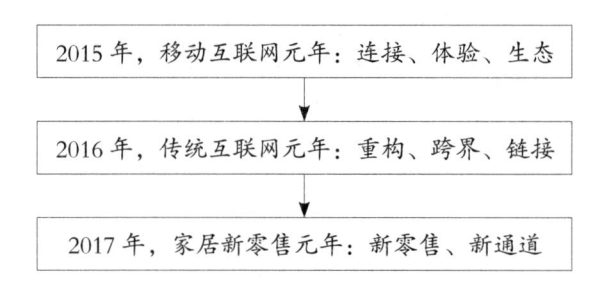

```
2015年，移动互联网元年：连接、体验、生态
             ↓
2016年，传统互联网元年：重构、跨界、链接
             ↓
2017年，家居新零售元年：新零售、新通道
```

图1-2 行业整合

多种渠道的零售模式

随着社会大分工的发展，在销售活动中，零售企业往往会将销售任务分解为各个部分，让专门的部门负责不同的任务，并且要求各个部门之间相互配合，共同完成销售任务。

这是个策略问题。最根本的竞争策略就是为用户提供更优质的服务和绝佳的体验，赢得消费者的忠诚。在"互联网+"时代，无论是单渠道的零售模式，还是多渠道或者跨渠道的零售模式，零售业始终都有新的销售模式出现。

零售企业竞争的本质，无疑是争夺消费者。随着电子商务、移动电商等的发展，零售企业之间的竞争也越来越激烈。在这种激烈的竞争环境下，零售企业如何才能确保有不断的用户源呢？

零售企业需要精心策划，建立全渠道零售模式，为消费者提供更好的购买体验，提升零售品牌的吸引力与竞争力。

全渠道模式的核心是经营好消费者，围绕消费者的需要打造全方位的零售渠道，为用户提供方便、快捷、轻松的购物体验。尤其是在互联网时代，建立线上与线下结合的全渠道零售模式更是大势所趋。

消费者在零售购物时，经常会遇到这样的问题：产品断码、缺货，或是零售店没有产品，这些问题往往会影响消费者的购物欲望和体验。如果实体店不能解决这些问题，结果就是消费者流失，零售商也会因此遭受损失。

如果企业将线上线下结合起来，走全渠道模式，就能很好地改善这种情况。阿迪达斯、耐克等运动品牌的零售门店就很好地做到了这点。

在这些运动品牌门店中，企业会在产品下方安装iPad，消费者可以在iPad上看到更多的产品，并且通过互联网，可以发现产品的更多角度、形象和信息。如果店内的产品缺货，那么在iPad上可以直接跳转到线上的产品零售店，为用户在线上找到产品，这样就大大减少了零售实体店因为缺货、断码等问题带来的销售损失。

案 例 银泰百货商场打造了全新的全渠道零售模式

在"互联网+"的大趋势下，银泰百货商场打造了全新的全渠道零售模式，尤其是移动互联网的出现，银泰百货更是意识到了搭建线上线下全渠道零售模式的重要性。

银泰百货以体验式购物为核心，为消费者打造一站式消费模式，并且将线上分为线上电商和移动App终端购物的模式，打造"名品+特卖"的特色，发展全渠道营销。

在App购物端，银泰网与44家线下零售门店合作，为用户提供了百货专柜的各大品牌同款产品，而且用户在该App购物时，可以选择送货到家的快递方式，也可以选择门店自提。因此，银泰百货采用渠道营销方式，走上了一条独特的O2O道路，为用户提供了更全面、更便利的购物体验。

粗放型向集约型的转变

如果用一句话来总结家居行业过去的发展状态，那就是"粗放散养型"。这种做法如今已经行不通了，因为人们的消费理念已经发生了改变，这就需要让家居行业本身参与其中，了解市场和消费者的变化，转变经营模式。

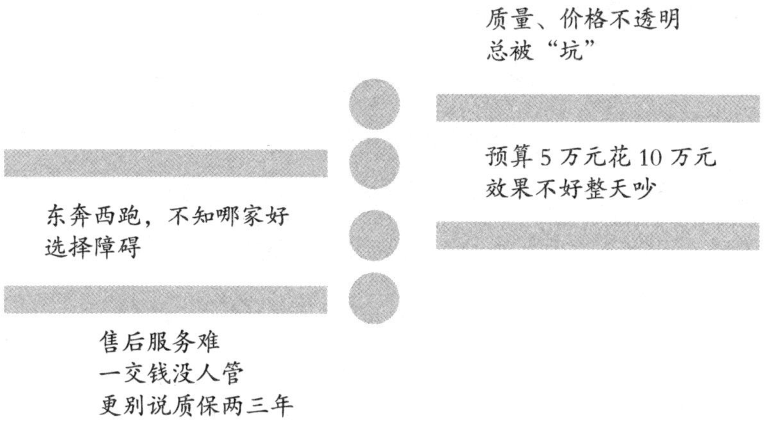

质量、价格不透明
总被"坑"

预算5万元花10万元
效果不好整天吵

东奔西跑，不知哪家好
选择障碍

售后服务难
一交钱没人管
更别说质保两三年

图 1-3　"80后""90后"的焦虑

2017年4月，腾讯家居发起了一项调查，专门针对装修方面。腾讯家居的主要抽查面是几个全国重点城市，调查主体则是"80后""90后"年轻人。在受访人群中，对影响人们生活质量的各个方面，21.26%的人认为装修占比高于雾霾（22.65%）、交通（12.49%）和其他（9.32%）；在容易导致家庭成员关系紧张的选项当中，房贷或房租占比12.06%，装修占比17.72%，两者相加为29.78%，工作占比20.54%，生育占比17.15%，老人赡养占比16.10%。通过调查报告上的数据，可以清晰地了解到家居目前带给"80后""90后"的焦虑体现在很多方面。

对以上数据进行总结我们发现，家居装修已经成为"80后""90后"的焦虑原因之一了。他们的焦虑主要表现为以下几点。

如何迎接新的消费主体

有一点可以确定，那就是"80后""90后"即将成为家居行业的消费主体。这么说或许稍显夸大，但至少能够说明这些年轻人的消费能力是不可小觑的。随着"互联网+"时代的到来，人们对传统家装领域的弊端愈发不能忽视。而以新技术为主要创新驱动力的互联网家装逐渐脱颖而出，行业内都希望借助新技术解决这些存在已久的痛点。然而，经过实践的检验我们发现，一切都没有想象中的那么美好。用户的抱怨有增无减，行业改变捉襟见肘，技术使用艰难异常。这说明作为一个产业链延伸很长的行业，仅从技术方面在短时间内就想改变已形成的行业痛点是一件不容易的事。这些互联网家装存在的问题和弊端都在告诉我们，想要真正解决痛点还需独辟蹊径。

家居行业必定要走向规模化。但怎样才能适应大规模生产呢？必定只有标准化才能办到。让传统的家居企业从粗放型的手工业文明进化到集约型的工业文明，尤其是在市场规模过百亿元的情况下，唯一的可能就是标准化。

家居产品的标准化，主要通过四个方面体现出来：第一，设计、施工、材料三合一；第二，注重客户体验，最好有1:1的实景样板间，让客户能直观感受；第三，平方米报价；第四，闭口合同。现在，大部分家装公司完成了前面的三项，但是在消费者最关心的确定的报价、闭口合同这一块，大多数没有做透。而只有解决了这一点，才能迎合消费者的新口味。可以说由粗放向集约转型，走标准化家居道路才是人们焦虑的"治病良药"。

"绿色环保"成为发展主旋律

2017年4月，亚马逊中国发布了2017年互联网家装消费趋势大数据，从消费者选购家居产品的数据分析得知，带有健康、环保性能的家居产品备受网购群体青睐，这说明健康环保的家居生活观念已经深入人心。在未来，环保家居类产品将成为家居市场"新宠"。

随着环保理念越来越深入人心，绿色环保的要求就成了人们在选购家居产品时的常识。何为常识？就是人们在做某件事情的时候，会有一个共同认可的角度。我们举个简单的例子来说明。人们以前喜欢吃五彩缤纷的糖果，但随着健康生活方式的常识化，现在人们已经对糖果的作用有了更多的认识。同理，在选购家居产品的时候，业主出于对家人健康生活方式的考虑，会更青睐带有环保性能的家居产品。有数据显示，中国有53.8%的消费者在选购时很注重产品的环保性，特别是对于家居产品，很多消费者将产品是否环保作为首要标准。

据统计，在2016年销售出的家居产品中，至少有一半号称是环保型家居产品，尽管这里面有很多产品是滥竽充数的，但是从中可以看出环保已经成为业界共识了，这为一些环保家居建材企业带来不少商机。同时说明环保性已经成为家居行业的消费主流，这一主流也将延续下去。

环保将会成为家居行业的入场券

环保理念越来越深入人心，家居行业自然也不能例外。从某种程度上来说，家居产品扮演的是环保"急先锋"式的角色。从今以后，"绿色家居"将是进入这一行业不可或缺的一张入场券。对于更多的家居企业和品牌来说，绿色家居意味着在选择原材料、设计、加工、包装、出场等一系列环节之中，以同样的绿色标准、一致的绿色理念为导向。只有这样，才能在环境保护为主导的社会趋势下，以保护环境为前提进行生产。

国外很多国家对国内的家居产品已经坚起了高高的壁垒。据了解，欧美各国、澳大利亚与新加坡等国的绿色家居普及率近100%，日本和韩国也将近50%。然而，还有许多国家的家居没有达到标准，只能眼睁睁地失去一个又一个订单。在这种前提之下，国内各大家居企业必须将符合国际绿色标准作为生产准则之一，只有这样才能进入国际市场，开拓更多优质资源和更大的领域。

当然，在目前的情况下，我们国家的环保工作还有很大的进步空间，有很大一部分原因是产品生产成本问题。环保家居产品的投入成本相对较大，企业在考虑是否生产绿色环保产品的时候，还是会从效益上考虑。消费者在选购环保家居产品的时候，除了看家居产品的品牌和材质外，还应要求商家提供国家的环保产品认证证书，以此保证自己所消费的家居产品是真正的环保产品。

配套服务成为重中之重

2017年第一季度，我国的家居行业发展良好，BHI（全国建材家居景气指数）延续了一季度的上升趋势，环比上升5.28

点。这个上升比例并不大，主要还是受到了房地产市场调控的对冲性影响。通过BHI指数的浮动变化，我们可以做一个大胆的预测，那就是家居行业肯定会发生新的变化。现在楼市趋于和缓，又迎来新的市场机遇，家居行业的发展将呈现新的发展趋势。

供应链成为切入点

几年以前，电商还不是很发达，家居行业一直在走老路，大家都有疑虑：家居行业到底适不适合进入电商领域呢？但是现在电商已经是大势所趋了，死守着过去的规矩不放，迟早会被市场淘汰掉。越来越多的品牌开始筹备自己的电商体系，网络渠道成为品牌发展的重要环节。在各大电商平台上，我们经常能够看到家居行业品牌的旗舰店、直营店，电商已经完全能够承担起家居行业渠道销售的重任。

此外，品牌的服务也越来越重要。你要找到一个优质的物流服务供应商，完成企业在质量、价格、覆盖面、时效和服务等方面的战略布局。现在的企业更注重平台化和信息化，以往的家居企业把各个系统分散开了，但是现在这些系统都要整合起来，ERP（企业资源计划）、CRM（客户关系管理）、TMS（运输管理系统）连接在了一起，信息流、物流和资金流也出现了"三流合一"。很多品牌进入网络领域，活得有滋有味，在最近几年的"双11"期间，天猫的品牌旗舰店成为电商渠道的主要阵地，许多家居品牌的销售业绩有上亿元。

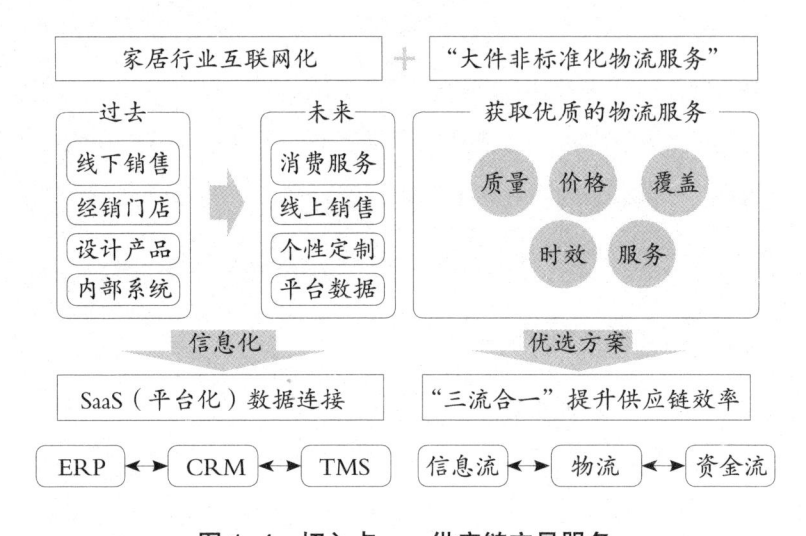

图 1-4 切入点——供应链交易服务

就目前来看，家居行业还没有完全融入网络渠道，关于这一点，我们从销售额就可以看出来，至少总体的网络销售额还远远比不上传统的实体店销售额。但是在某些标准化家居品类中，网络销售的优势已凸显无疑。毋庸置疑的是，未来电商行业肯定是重点发展领域。

许多家居企业瞄准了行业的"中间环节"市场，同时在线上和线下两方面进行建设，让消费者既能在传统实体店中亲身体验商品的功能和性价比，也能在线上的店铺内购买到相应款式的产品，一个有针对性又多渠道的销售体系就这样建立起来了。

"互联网+"产品整装

互联网发展至今，许多行业都在尝试"互联网+"，有做得好的，也有做得不好的。相比之下，家居行业做得就不太好。家居产业的特征更多表现为大行业、小企业，大多数企业的规模不是特别大，导致整个行业仍依赖于传统的批发模式，与其他行业相比，家居行业普遍存在服务跟不上、信息化步伐落后的问题，用户体验差的问题也没有得到彻底解决。很多用户在购买家居类产品的时候，因为物流等服务跟不上，或者购物体验不好而放弃购买。

其实，借助互联网，商家可以更好地为客户提供整装服务。因为整装涉及前期的调查和方案设计，根据消费者家装的偏好给出设计方案并进行修改，让消费者全程参与设计与监督，实现自己的家装梦想，这一切都可以在互联网上轻松实现。同时，随着新技术在家装产业中的运用与升级，越来越多的人选择在家装中加入高科技元素以增强家居的功能性和创新性，一系列的科技创举都使得现在的整体家装趋于更高的科技水平和创意。

互联网改变了零售业

事实上，互联网正在影响和改变着各行各业。2013年，腾讯创始人马化腾提出了"互联网+"的概念，当时，业界一片哗然。"互联网+"到底"+"的是什么？事实上，"互联网+"可以是任何行业，如工业、商贸、金融、娱乐。通俗点来讲，一切传统形态的东西都可以与互联网链接。

今天，智能手机被人们戏称为人类的"新器官"。可以说，移动互联网已经颠覆了人们的生活方式。不知道从什么时候开始，人们只需要在手机上轻轻触碰，就能获得更多服务和体验。

打个比方，一位女消费者在一家高级写字楼上班，以前她需要购买衣服和化妆品时会选择光顾楼下的几家零售店，而现在她的选择变得丰富起来：楼下的零售店越来越多，而且可以通过手机App或者电脑端进行购物，后两种方式让她坐在办公室里就可以挑选衣服和化妆品，并且很快就能送货上门。她在使用这些化妆品之后，还可以在线发表评价，影响其他的消费者，并且促进电商平台改进产品质量和款式。

Wi-Fi的广泛应用和覆盖，以及在线支付技术、商品数字化技术的兴起，消费者能够轻松上网购物、消费。过去人们在网购时，需要打开电脑端的淘宝、天猫、京东等网站。但随着移动互联网的兴起和智能终端的普及，很多电商网站都搭建了手机App购物终端。人们只需要在手机里下载购物平台的App，就可以使用手机登录电商平台，轻松购物。这种购物方式让消费者在购物时，不再受时间、地点的制约，更加方便和快捷。

人们的消费行为逐渐向手机移动智能端转移，这其实给零售业带来了机遇。零售业可以开启线上和线下的全渠道模式，给线上、线下的消费者提供便利的消费体验。

很多线下的大型商场或者零售店，开始积极拥抱移动互联网，颠覆传统的营销方式，颠覆消费者的零售购物方式。

例如，物美超市与微信、支付宝等达成跨界合作。在物美的门店中，支持微信付款和支付宝付款，用户在购物时可以更方便地支付，甚至不需要带现金，只带一部手机就能付款。此外，物美超市还与多点购物合作，只要用户购买了物美的产品，多点购物就会派专业的快递将产品送到客户家门口。

我们以零售业为例。"互联网+"的到来早有预兆,电商、网店兴起已有段时间了,传统零售店面临很大的竞争和生存压力也不是一天两天了。零售业革新迫在眉睫,不得不变。谁抢占了先机,谁就会赢得新的发展机遇和话语权,因此零售业应尽早规划、尽早行动。

总而言之,在移动互联网时代,人们的生活发生了翻天覆地的变化,对零售业来说,意味着真正的颠覆——企业开启了全新的移动互联运营模式。可以这么说,移动互联技术在真正意义上改变了零售业的格局和发展。

消费者主导的时代真正到来了

在互联网时代,消费者的影响力越来越大,地位越来越高。因此,零售业必须意识到消费者主导的时代真正到来了。

在"互联网+"的风潮下,零售业必须要改变以自我为中心的思维方式,取而代之建立起以消费者为中心的思维方式,并且将其落实到实际的业务中。

例如,作为人均消费百元以上的餐饮品牌,雕爷牛腩为什么能够赢得人们的喜爱和认可呢?原因就是雕爷牛腩在"互联网+"的风潮下,能够利用互联网思维武装自己。比如,雕爷牛腩特别注重收集哪消费者对道菜不满意、感觉哪道菜价格过高等反馈。

小米手机更是将互联网思维方式运用到了极致,每周都会根据用户的意见进行软件升级等服务,尽可能地满足消费者的新需求。

零售企业要变革，可以着眼行业内外的"互联网+"成功案例，对技术和思维进行分析，从中找到完善自己、重塑自己的途径。

互联网让销售变得多样化

零售行业存在已久，随着历史和社会的发展，零售店的渠道模式也发生了很多变化。过去，最传统的零售渠道模式为单渠道零售。单渠道零售指的是只需要一条渠道，就将产品或服务从某个销售者手中转移到消费者手中。

在日常生活中，单渠道模式可以这样理解：首先从工厂出发，然后到达批发商、二级批发商、三级批发商，再到零售店，最后到消费者手中。在互联网时代，通过网店进行零售，也是种单渠道模式。

随着移动互联网的发展，消费者的购买渠道和购买方式越来越多。消费者希望无论通过什么渠道来购物，都能获得更多个性化的服务和体验。在这个过程中，消费者的主导权体现为自由选择购物渠道和自由支配。

因此，在多渠道零售模式下，零售企业可以通过建立多种渠道接触到更多的目标消费者，满足消费者通过零售终端购买产品的需求。

后来多样化的零售渠道诞生了。首先是两条完整的零售渠道。例如，汽车厂商对进行团购的出租汽车公司采取直销的方式，对零散用户采取4S店销售的方式，每条渠道都能完成各自的销售功能，几乎没有交叉。

再后来，电视购物等新兴零售模式的出现，使得很多企业采取了多条渠道进行零售。比如电话销售、网络购物以及实体店三管齐下。这期间也没有冲突发生，因此，对零售店来说这是不可多得的机遇。

再后来，根据已有的零售管理渠道理论，跨渠道零售出现了。跨渠道零售，即企业利用多条零售渠道进行销售活动且每条渠道只是完成零售的部分功能。例如，利用电话销售的方式向用户介绍商品，通过实体店来完成最终交易，再通过呼叫中心等进行售后服务。

家居行业的未来："VR+互联网"

互联网时代，家居行业也进行着各种重构。随着5G时代的到来，手机随时上网和高速上网逐渐成为现实，VR会大行其道。

目前各类虚拟场景技术已经相当成熟，之所以没有普及到千家万户，客观地说是受制于网速。随着5G时代的到来，全世界各行各业，包括家居行业将迎来历史性的变革。社群概念和移动互联网概念深入人心，"VR+互联网"将带来彻头彻尾的变革。

互联网经过多年发展，感觉似乎对家居行业触动不大，近年来随着微信的使用、智能手机的普及，当大家都被智能手机代入到互联网的世界，一切都在悄然改变。在移动互联网时代，家居行业将越来越智能，与科技的结合会越来越紧密。

这是一个巨大的变革时代，家居的VR系统将全行业普及，场景化销售将成为主流。将来VR工具会变成营销利器。

VR可以把产品的款式、样品充分展示出来，大大帮助家居营销公司降低成本，解决样品展示的成本问题。这只是一个核心的工具，我们还能用到很多虚拟现实的工具，把各种款式展示给众多的消费者。

以瓷砖为例。因为装修成本很高，如果做展厅，只能呈现一个或几个状态，如果使用VR工具，就大不相同了。VR系统所见即所得，全景模仿展示，未来一定是导购人员谈单的利器，也是移动展厅卖场的利器。

未来在展厅里借助虚拟现实技术，消费者可以直接走入虚拟的但和现实极为接近的空间，感受空间感甚至质感，这就是VR带给家居行业最大、最直接的变化。

VR可以作为产业连接器甚至是职业连接器，比如把设计师、装饰公司、房产公司、家居卖场无缝连接在一起。

设计师可以通过VR效果图，用真实的空间模拟展示给消费者，让消费者清楚自己未来的家是什么样的。通过云平台等处理方式，使设计成本降低到当下成本十分之一以下，同时结合全社会的智慧和力量打造共享的数据和素材，让大家感受沉浸式漫游体验，身临其境走入未来的家。高精度数字化模拟、动态展示是现在的全景图展示根本无法做到的。

　　海量的家居数据模型，需要社会化协同来产生。针对不同的楼盘进行相关的设计，提供各种各样的素材，把每一个户型快速地变成VR产品，同时做到效率足够高、成本足够低，形成大规模、市场化、商业化运用。

　　未来人与人的关系、交流、营销都会发生变化，眼下已经是人人产生新闻的阶段，每个人又是新闻的使用者。在这样的时代背景下，针对互联网共享思维，让所有人都是场景的使用者，同时是场景的提供者，降低共同成本，降低社会整体的成本，提升社会和行业的效率。

　　未来设计师和消费者之间可以通过互动进行随意拜访。以前设计师是在本地的电脑上进行互动演示，现在和未来可以完全靠云端服务器，让所有的数据调用起来更方便、更安全，成本也更低。

　　新技术带给这个领域巨大的变革，既创造便利，也降低成本。比如一个家庭装修，五六个家庭成员共同去逛建材市场的时代彻底过去，未来通过"VR+互联网技术"可以实现以下几点。

　　1. 设计师或导购人员跟业主家的某一个成员沟通完了之后，形成一张效果图。

　　2. 通过二维码等手段，这张效果图可以转给他的朋友、同学、家人等，实现远程协同。

　　3. 朋友圈成员可以分别点评、共同探讨，跨地区、同一时间内实现远程协同。

　　4. 整个功能和产品将来都来自市场商户，是真实场景，所见即所得。

5.消费者在评价方案过程中，可以获得某一部分的详尽信息。如在设计方案VR中点击地板，就会出现热点标签，显示地板品牌、离消费者最近的经销店、对应的价格等参数，消费者甚至可以了解地板的生产过程。

家居行业未来销售客户体验。基于互联网平台上的VR创造一个体验空间，明确用了什么品牌的地板，要配备什么品牌款式的床，加上什么风格尺寸的壁画，挂什么面料、颜色、质感的窗帘。商品本身就是最好的广告传播载体，在所见即所得的大背景下，消费者在计划初期即获得了未来要实现的空间全貌，并充分加入自己的理念。

全方位客户体验带给家居建材行业的变化，就是强强联盟和一套充分有效的利益分配机制。比如经销实木床的同时卖出了地板，相互之间如何分配佣金、客户下单之后如何结算佣金等都有明确的规则。

场景技术、互联网、金融工具的充分整合，先进的技术加上先进的模式，再加上新的金融工具，将会给家居建材行业带来巨大的想象空间和发展空间。

整个家居行业，除了社群化营销，一定是从二维到三维、从平面到立体、从单品到整合销售、从实体到虚拟、从实效到坪效，全方位获得提升。

场景科技使产品陈列、互动谈单方式、营销集客方式、销售渠道、设计研发、企业管理、供应链条、终端铺垫等等发生巨大的改变。

案 例 橙家的全流程一体化O2O闭环

从 2015 年初到 2016 年底，短短两年时间内，数百家互联网家装企业如雨后春笋般出现，其中大多数如同昙花一现，只有较少部分初步站稳脚跟。碧桂园旗下的橙家就是其中做得较好的一家。

	引流	转化	消费	反馈	存留
线上门户系统 / 线下业务系统 / 后端支持系统	官网、微信、App 客户 关注、注册、预约	橙家家居App 客户 线上付款（订金）	橙家家居App 客户 线上付款（首期款）	橙家家居App 客户 查看进度、评论、投诉	橙家家居APP 客户 申请售后
	400电话 客服 电话咨询、预约	橙家体验馆 客户经理 客户面谈、体验	量房神器 设计师 量房	智装天下 工长、工程管家 拟定并执行施工计划	客服新闻 客服 创建售后工单
	客服系统 客服 录入客户信息	乐家可视化设计 设计师 快速成效果图	乐家可视化设计 设计师 出施工图、提交预算	智装天下、橙师傅 工长、工程管家、巡检 播报、处理客户投诉	智装天下、橙师傅 工程部 提供售后服务
	CRM 客户经理 抢单（或派单）	CRM或App 客户经理 收订金	CRM 设计师 签合同、收首期款	智装天下 工长、工程管家 材料申领	商城、橙家家居APP 客户 购买商品、消耗品
	CRM 客户经理 今年话邀约	智装天下 系统自动 录入收款单	智装天下 设计师 编制合同	WMS 仓管员 备货出库	ERP 系统自动 创建线上订单
			ERP 采购员 采购计划、采购订单	智装天下 工程经理 完工确认与结算	WMS 仓管员 商品出库、付送
			WMS 仓管员 采购入库	ERP 财务 成本核算	
后端业务支持		企业资源计划（ERP）	办公自动化（OA）	流程管理（BPM）	
数据管理分析		主数据管理（MDM）	商业智能（BI）	大数据分析（BDA）	
系统集成			接口中心（ESB）		

图 1-5 橙家的全流程一体化O2O闭环

与普通的互联网家装企业相比，橙家更为注重线下用户体验、工程交付和全流程管理等核心环节，始终保持务实严谨的作风，重金打造高效的后端管理体系，并组建强大的管理和研发设计团队，秉持轻硬装重软装的家装理念，形成了全流程一体化O2O闭环。其中最为显著的一点，就是极为接地气地做智能家居产品。

据了解，只需在手机上安装一个App就可以全部搞定橙家全套智能产品。橙家拓展的这款手机客户端App，既方便使用，可随身携带，又使用户随时密切关注家中动态。另外，值得一提的是橙家的一款号称"超级守门员"的智能指纹锁，它可以为用户提供四合一的开门方式，轻松免去用户无钥匙的焦虑。同时，登录手机App，可轻松获取家人的归家动态，还可以设置"回家"场景，一键解锁，就可以自动打开家中的电器设备以及门窗，随心所欲定义自己的家。

除了上述功能之外，橙家还有更加贴心的智能应用——智管家，能24小时帮你看家。让你外出工作、出差旅行时，不再因为父母年迈，家里无人照应而放心不下；不再因为孩子年幼，保姆一人看护而忐忑不安；不再因为家里有贵重物品，遭贼惦记而担忧；不再为早起困难，闹钟怎么也叫不醒而顾虑；不再因为重要时刻不在亲人身边而留遗憾；也不再为忘记给家中购电而引发耗电严重导致推开门漆黑一片而惴惴不安……

这些问题的完善解决，对于碧桂园而言是家居智能轻生活发展道路上的一个小区块。橙家将会继续开发更高科技含量的智能家居产品，让更多的家庭享受到智能轻生活。

PART 2

家居行业的裂变与整合

市场争夺日益激烈

市场争夺的加剧，主要体现在以下三个方面。

一是家居市场竞争日益激烈，而且在各个档次的品牌中逐渐出现了"巨头"品牌。为了适应市场的激烈变化，打造具有鲜明特色的产品，各个商家不惜血本，引入最新最具有特色的技术和理念，试图在竞争激烈的市场中激流勇进，独占鳌头。在这个过程中，出现了很多具有代表性的品牌和企业，它们以创新的产品和服务，征服了特定的消费者群体，成为行业中的"巨头"企业。

二是家居行业分工细致，各个分支领域独具特色。大家只要环顾自己家中的所有装饰和所有的家装细节，便不难发现，家居行业是一个分工十分细致的行业，为了做出精良、独具特色的产品，术业有专攻的分工合作成了必然，这样才能体现整体产品的高水平和优质。

三是市场如战场，家居行业也不例外。在残酷的市场竞争之下，每个企业及品牌都想在自己的区域中占据一席之地，守住自己的江山，然而，在竞争的环境下，每个品牌都在经受着严峻的考验。

家居行业的万亿级裂变矩阵

家居行业的升级带动了人们消费心理的变化。从前，我们经常听说一个家居作坊是几代人家传的，然而现在的家居企业，必须在手艺传统得到传承的基础上，进一步植入对文化的推崇和主张。

由于教育水平的整体提升以及社会文化的不断传播，对于家居产品，现如今的消费者有自己的审美趣味。在这样的趋势之下，家居企业和品牌应该在产品中融入更多的文化，才能迎合消费者不断变化的审美趣味。

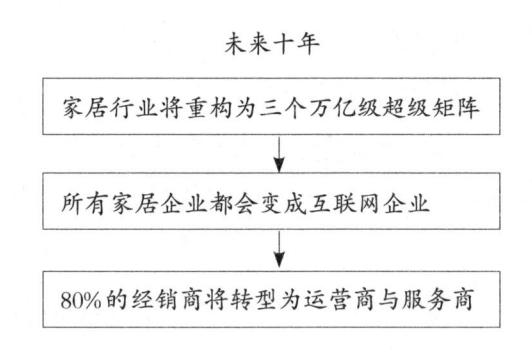

未来十年

家居行业将重构为三个万亿级超级矩阵

↓

所有家居企业都会变成互联网企业

↓

80%的经销商将转型为运营商与服务商

图 2-1　未来 10 年家居行业的万亿级裂变矩阵

2016 年，家居行业开始发生巨大的裂变，"互联网+"对传统企业造成了巨大冲击。在这股冲击波扫荡一切的势头下，很多家居品牌备感压力，只有少部分家居品牌实现了利润增长。有人曾预言，截至 2017 年底，家居行业即将出现重要的转折和拐点。然而，这对于整个行业来说，只是改变的开始。更加严峻的现实是，家居行业各个环节的互相整合与融合程度都相对较低。

行业巨头们已经纷纷涉水，阿里投资了家装E站，在不断摸索前进中，还孵化了淘宝极有家；百度试水投资了齐家网；腾讯投资了美家帮；京东和紫薯家装进行合作。未来在这个领域谁将成为领头羊，目前还无法知晓。

价格战、品质战、品牌战

毋庸置疑的是，每一个行业的市场发展，都不可避免地需要经历价格拉锯战、品质火拼战和营销花式手段大战。价格战在家居营销领域一直是中低档家居产品乐于使用的一种手段，依靠价格战可以有力地击败对手，给对手以致命的打击。但是价格战是一种短视行为，并不具有前瞻性，打败别人的同时，会伤害自己的企业形象和口碑，并不是长久之计。

价格战，顾名思义是品牌或企业依靠降低自己的成本从而降低价格来取得市场竞争力，这会在短时间内给对手以致命打击。然而，对于无止境追求产品质量和服务的当代消费者来说，价格战只能满足企业的一时之快，并不能为企业积累口碑客户，长此以往只会使得客户厌倦了产品的低价策略，削弱品牌的价值，客户最终必然转向其他同类产品。

品质战，是一种基于产品品质而展开的客户争夺战。比起价格战，它的优势在于真正提升了产品的质量和性能，然而在其背后，企业所付出的是高昂的研发和人力成本，这些成本的承接者必然是消费者。显然，这种策略的出发点是好的，是为了让消费者享受更优质的服务，使用更优质的产品。然而，对于消费者来说，代价是沉重的。这会使商家在无形中流失很大一部分客户，客户会转向更加物美价廉、性价比更高的商品，这不能不说是一件费力不讨好的事情。

基于以上两种处于弱势的竞争手段，营销战的优势便凸显出来。

品牌营销使得消费者愿意接受商家定出的价格，哪怕是比较高的定价；就家居品牌而言，品牌营销为其带来了更广阔的利润空间。

随着人们消费水平的上升，营销战略的优势使得企业在有限的竞争时间内积累起更大的固定的、享有口碑的用户群体。无疑，这是降低价格和提高产品技术含量所无法替代的，这种软性竞争力使得商品在被推出之后，潜移默化地对消费者和特定用户产生影响。一旦在消费者的意识层面占据优势，将是在短时间内无法撼动的。

因此，未来的家居营销领域在逐渐发展成熟后，将由品牌战取代价格战、品质战，这也是每一个行业市场发展进一步完善的必然趋势。

微利时代来临

在过去,很多企业的利润率很高,有30%~40%,这正是行业发展不平衡、产业技术只掌握在少数企业和品牌手中所产生的结果。然而,在今天,随着产业水平的进一步升级,有更多企业调整了自己的管理和营销手段,吸纳更多的客户,并且在原有的基础上调整生产技术和创新性,使得产品的利润率大大降低,将更多的实惠留给顾客,这在一定程度上推动了市场的良性发展。也就是说,一个以高新技术为主导的"微利时代"来临。

在"微利时代"下,企业的核心竞争力和利润点不再集中在价格战上,而是更多地集中在怎样提高产品性价比,让利于民,让更多客户享受到产品的实惠和其为生活带来的便利。这种具有前瞻性的发展战略,更加符合现如今社会的发展方向,让更多的企业意识到:没有消费者的支持,没有群众基础,任何产品都不会在市场上长久生存。

行业巨头进入互联网家居

最近几年,很多行业巨头进入互联网家居,这其中有不少房地产企业或公共装饰企业,例如绿地集团旗下的绿地诚品家居、碧桂园旗下的橙家家居，就连行业外的家电企业美的、京东等品牌也动作颇多。这些动作其实很好理解，因为资本是逐利的，哪里有前景，就往哪里去。

正如海尔集团董事局主席兼首席执行官张瑞敏所说："没有成功的企业，只有时代的企业。"

什么是家居定制一体化？就是根据整个空间的原始大小和布局进行整体设计，从衣柜、门、隔断、沙发到卫浴，采用一两种相同元素或者反差极大的元素搭配使家居色调、风格统一而不单调。所谓现代家居一体化，就是指打破产品原有的边界、行业终端的原始边界，从测量空间到产品的方案设计，再到加工和物流，大到室内整体格局、小到家具产品的配色及家居饰品，形成了完整的链条，也使得行业出现新的想象空间。也就是说，一家卖橱柜的不仅仅只是卖橱柜，还可以做整体衣柜。企业从一个点延伸出了更多的点和环节。家居定制一体化的价格中等，中国有那么多的中产阶级，完全负担得起。

这种定制一体化的家居模式并不稀奇，欧派和居然之家就是其中的典型。说起欧派家居，相信很多人并不陌生，它之所以让人熟知，是因为它家的橱柜以及背后的优质服务。小小的橱柜在发展到遍布全国各地，形成十几亿元的规模后，欧派又开发了厨房电器，随之囊括了木门、卫浴和壁纸。2015年，欧派将其口号改为"高端全屋定制"，决定全面进军大家居领域。我们再来说说居然之家，它们的经营定位主要是做中高端产品，为顾客提供"一站式"选购服务，涵盖产品设计、材料选择、家居用品等，主要涉及家装设计中心、家居品牌专卖店、家居商场、建材超市等，简单来说就是一家大型的以家居建材为中心的购物商场。

那么，谁能代表中国家居行业未来的走向呢？是阿里巴巴的马云、百度的李彦宏、腾讯的马化腾、小米的雷军还是京东的刘强东？众所周知，BAT（指百度、阿里、腾讯）、小米和京东已全面进入大家居领域，阿里投资了家装E站，百度投资了齐家网，腾讯投资了美家帮，京东则和美的进行全面战略合作，巨头们都开始进入家居行业。

Houzz，这家红杉资本估值23亿美元的企业，赢利模式非常简单，向上游产品供应商收15个点的产品流水，向下游做安装、维修、施工服务的专业公司收驻场费，通过一个叫"家居灵感照片"的商业模式解决消费者的核心痛点，给这个行业揭开了互联网家居变革的序幕。记得在2013年12月，在某次总经理研修班课堂上，全国四十多个分公司经理探讨家居行业未来怎么走。此家公司有200个客户订单，每个解决方案都有大量的灵感照片和背后的产品施工资源，如果能把这样一个服务做成，这家公司就会变成中国的Houzz。2015年2月，小米正式宣布进入家居行业，投资了一个699元的互联网极致套餐，通过20天的时间，推出8大主材699元的套餐，一下子给这个行业撕开一个口子，彻底改变了家居行业。

通过上述这两个小小的案例，我们对于掀起整个家居行业互联网转型的浪潮可见一斑。

京东入手场景化营销

2011年,京东试水家居领域,开启了长久的布局。2013年到2016年一直保持着复合增长率,以超过100%的增长速度提升,以至于2017年3月,京东不得不重新对资源进行调整,将服饰家居事业部进行拆分,从此,京东服饰与京东家居各自成为一个独立的部门。

在初始阶段,似乎刘强东也没想到家居在几年后会成为下一个风口。

2017年,在京东发布的公司战略会上,京东家居的领跑者事业部总裁辛力军又为自己设定了新的挑战目标:三年内,全球知名品牌和明星产品都能在京东这个平台上找到。而截至2017年底,与京东家居合作的商家已经突破2.5万家。

相较于服饰电商而言,家居电商更"新"一些,而既然是"新"事物,就意味着没有成熟模式可供参考,需要在发展中不断摸索。比如,如何解决用户试错成本高这一最大痛点?

可以预见,未来家居类电商会有一个飞速发展的过程。对成功找到这一风口的企业而言,依然面临很多挑战。

行业整合将带来"巨无霸"企业

经过多年的发展，我国家居行业已经进入了稳步发展阶段。然而，在成熟的市场机制下必然面临着残酷的竞争，那么家居行业下一步究竟会怎么走下去，又有着怎样的发展趋势呢？

从前，很多人对家居品牌的印象停留在小工厂、小作坊层面，觉得都是规模不大的小公司，然而这一现象在今后将得以突破。随着这一行业新陈代谢的整合加速，许多家居企业利用以往在行业中多年积累下来的资本，逐渐扩大企业规模，并在不断发展壮大中涉及多个领域。未来家居行业中如"航母舰队"般的大集团资本逐渐扩大规模并涉及多个领域，"航母舰队"式的大集团将越来越常见。

当然，这一切还要建立在企业的本业——家居产业充分发展的基础之上。除了希望在市场规模上分到更多蛋糕，各个家居品牌也逐渐将触角延伸至更多相关产品和产业，构建扩大家居业务的大格局。

几年前，恐怕谁也没想到家居行业发展得如此迅速。"互联网+"普及之前，或许有人已经感到不安了，但是没人知道往后的路究竟该怎么走。客观来说，家居行业的市场需求容量远远大于旅游业和餐饮业，但是始终没有出现如旅游业、餐饮业中"霸主"一般的企业，这给了中国电商巨头们一次靠本能追逐的机会。刘强东就曾经放出狠话，"五年内成为线上线下第一的家居家装零售渠道"。4万亿元的家居市场，仅100家上市公司，市值超过10亿元的屈指可数，这是一块多大的蛋糕？也难怪电商巨头们蜂拥而至了。

从产品设计到企业设计

在崇尚个性的现代，家居作为生活的必需品走进大众家中，所扮演的角色更多样化、更个性化。个性化的产品离不开设计师奇思妙想的创意。更多的艺术院校在培养艺术设计类人才的同时，争相与很多企业合作，试图让更多对产品有创新想法的设计师参与到产品设计中，也为企业的品牌制定更多适合其自身需求的方案，实现从产品设计到企业设计理念的飞跃。

在营销上花心思

这是一个营销为王的年代。过去，我们曾经在技术上、设计上绞尽脑汁，试图研发出既夺人眼球又品质优良的产品。然而，随着产业的不断升级，生产技术的不断进步，研发出质量上乘、新颖独特的产品不再是各大品牌和企业的难题了。现如今，各大厂商在关注产品质量的同时更加关注各式各样的营销手段，因为在同等的产品质量和服务下，营销在消费者心中留下的印象是更加深刻的。谁能用更加夺人眼球的创意营销自己的产品，谁就提前一步在市场上占领一席之地。

软装与硬装的不同之处

软装是有关整体环境、陈设艺术、空间美学、生活功能、意境体验、材质风格、个性偏好等复杂元素的创造性组合，软装的各个区域、各个产品都是整体环境不可缺少的部分。居住空间环境与商业空间环境中所有可动元素统称为软装，也叫作软装修、软装饰，包含陶瓷、灯饰、家具、装饰画、花艺绿植、布艺、摆件等多种元素。软装涉及家庭住宅、商业空间如餐厅、酒吧、酒店、办公空间、会所，凡是人类活动的室内空间都离不开软装。

图 2-2　软装与硬装

硬装指的是室内装潢中不能移动的、固定的装饰物。除了必备的基础设施，为满足房屋的布局、功能、结构、美观需要，安置在建筑物内部或表面的包含色彩在内的所有装饰物，主要包括隔断、吊顶、墙面涂料、房门、地板、瓷砖、电线、水管、厨具、灯具。

软硬装在家居装修中的搭配比例

相较而言，硬装原则上是不可移动的，而软装原则上可以移动，较之硬装灵活一些。此外，软装的装饰效果简洁，硬装的家居比较大气。

"轻装修重装饰"被广泛提倡，实际上指的就是轻硬装而重软装。至于"轻"与"重"到什么程度，要根据个人情况具体来定。一般而言，硬装最大化地实现居室功能即可，因为对软装的需求会随着时间环境而改变，而硬装过多会给后期改变家居风格带来不便，所以硬装最好简单、素雅。

要想最大程度地展现业主的品味和个性，软装起着至关重要的作用。通过设计师的整体设计，使软装与硬装相结合，各个产品之间相互协调，最终达到和谐统一的整体效果。还可以根据季节和业主的心情，随时调换家居用品，"不喜欢就换"是软装的招牌特点！

简单概括软装和硬装的不同之处，就是硬装重"形"，而软装重"神"，二者有机结合，才能使家居装修在实用的同时实现其个性化。

软硬装与家居设计一体化

完美的装修过程是三分硬装修、七分软装饰，这是一个理念。硬装做到使居室功能最大化，满足主人需求即可。而软装，则要更大限度地实现"一体化"。随着人们生活品质的提高和互联网的快速发展，家居设计一体化的趋势越来越明显，在完善的产业链条下，成为一条龙服务。下面对家居行业拐点、互联网家装入口和打通软装宅配入口这三个环环相扣的方面进行介绍。

第一，家居行业将进入拐点。互联网和电商的介入让很多传统的家居品牌感受到了危机，也可以说，互联网让家居行业全面进入了拐点。然而，作为一个产业链条十分长的行业，家居行业还有一个特点，那就是每个环节之间的相互渗透与融合程度都很低。这就决定了互联网可以成为一个入口，让每个环节之间的渗透与融合变得更加容易。

第二，互联网将成为家装入口。互联网家装在拼命颠覆传统家装，其上下游的材料商和经销商也在变革中寻找着方向。而传统的家装公司，如果不想坐等被颠覆的命运，就只能和互联网企业合作，大家共同串起这条产业链。在家居一体化的趋势下，以互联网家装为入口，带动上游的材料商和中间的经销商以及家装公司的矩阵，一种铁三角的产业格局应运而生。互联网家装可以以一个简单的产品为入口，撕开成品家装这个超级入口。

第三，打通软装宅配入口。软装宅配是家居行业的又一个重要入口。随着消费升级时代的到来，家装行业的装配化程度会越来越高，行业逐步趋向标准化。作为家居行业的一个分支，软装自然也不例外，整体软装行业的快速发展是人们生活水平提升的必然趋势。另外，软装不同于硬装，属于快速消费品，是用户不断接触到的，所以，即便是仅做软装产品的供应链平台，也有可能打造出超级入口。

当然，有了入口并不代表一步就能成功，在消费升级的时代，软装领域尚未出现一个可以快速复制并满足中产阶级需求的公司。

店面终端过时了吗

很多人会问："门店还能有什么功能，不就是卖东西吗？所有门店都应该是这个功能啊！开网店不是一样吗？"如果照着这种思路去考虑问题，那么答案已经很明显了——店面终端已经过时了。当然，这种理解无可厚非，"产品销售"绝对是门店最重要的一个功能。不过，除此之外，我们还要看到店面终端的其他功能，这些功能是网店无法代替的。

这些功能是什么？

答案是：品牌展示、网络抢占和人才培养

品牌展示直接影响生意好坏

不管是家居建材销售还是服装、家电销售，都有一个现象：旗舰店、形象店越来越多。在此我要问一个问题：众多企业旗舰店开得这么生猛，赚钱吗？

答案是：一半以上不赚钱！

有数据显示：服装行业的旗舰店，80%是不赚钱的；家居行业的旗舰店，绝大部分也不赚钱。如果店面存在仅仅是为了产品销售，那么为什么旗舰店不赚钱却依然有那么多的企业经营者要不断地开旗舰店呢？这些人能把生意做大、做强，可谓是众人眼中的"聪明人"，可为什么旗舰店亏钱也要开呢？

这就源于店面的又一个重要功能——品牌展示。

中国人相信眼见为实。在顾客眼中，店面大、装修好的店面就是大品牌，尤其家居行业是一个低关注度的行业。因为平时谁也不会闲着没事买房子、装修房子，所以，对建材、家具等产品不是很了解。很多人在买了房子，想装修房子的时候才会对家居的各个品类、各种产品进行高度关注和深入了解，所以，有一个好的形象店就显得尤为重要。这也是现在很多厂家、品牌做大店、做旗舰店、做形象店的重要原因。

如果文字不能让你有感觉，那么我们来算一笔账。

在一个二三级的市场，开一个800~1000平方米的街边店面大概需要多少钱？按照当下的成本，需要进账多少才足以支付房租？姑且不论人员工资、运营费用等其他成本，仅房租一个月就需要几十万元到上百万元。那么，这样的店需要完成多少销售额才能支撑店面的正常运转？

由此可见，对于这样的店面而言，品牌展示的功能绝对优于产品销售的功能，也绝对优于网络抢占和人才培养的功能。可见，好的店面位置与店面形象，对于品牌展示和传播极其重要。

找准机会扩大店面抢占市场

如果你处在三、四线城市，可能对于上面提到的问题并不是很有感觉。如果你在北京、上海、广州、深圳等一线甚至超一线的大城市，你就会有切身的体会，对于家居企业而言，一两个门店根本不够，甚至三五个门店都不够！对于有些品类来说，一次性考虑投入 8~10 个店面是很正常的。这个时候，店面抢占市场的能力就会显得非常重要了。

在此又会产生一个问题：如果入驻一个商场半年到一年的时间内都不会赚钱，还要不要入驻？

很多人会想：赚钱和入驻并不矛盾啊，只要等这个商场赚钱了我再入驻不就好了？但是，再想想，如果等到商场能赚钱的时候再入驻，那时还轮得到你吗？就算能够费时费力挤进去也未必能得到个好位置。所以，有的商场即使开始时不挣钱，只要看好商场的未来和商圈的前景，很多聪明的老板也会选择入驻，这时候他们采用的策略就叫作抢占先机。先占据有利的位置，慢慢培养以图将来。因为如果你现在不下手，等生意好做的时候就没有机会了。另外，如果这片市场不是你在做，而是另外一个和你经营相同品类的竞争对手在做，可能每月的业绩并不突出，只有十万八万元，但不管其业绩是多少，都是在蚕食你的市场，迟早有一天，你会变得进不能攻、退不能守，这就叫作"战略性亏损"。所以，这样的战略是基于对未来的考虑——虽然现在不赚钱，但是未来会赚钱。

案例　红星美凯龙的家居 4.0

说起工业 4.0，相信很多人并不陌生，这是 2015 年中国最火的词之一。工业 4.0 的背后是互联网产业化、工业智能化等为代表的第四次工业革命。

工业 4.0 给家居行业带来了启发，首先开始变革的是红星美凯龙，他们把自己的那套模式称作家居流通 4.0，这套模式为行业提供了很多具有重要意义的推广模式，为时代性变革献上长驱动力。

2015 年，国内贸易流通体制改革试点工作启动。家居行业的巨头们正式开始了对工业 4.0 的探索。红星美凯龙首次提出了"家居流通 4.0"的概念，并凭借一系列理论和应用成果，成为上海市内贸流通试点的标杆样本企业。值得一提的是，红星美凯龙在"家居流通 4.0"上的实践案例，以及潜在的学术研究价值，也引发了学术界的极大兴趣。2016 年 6 月 18 日，红星美凯龙在 30 周年盛典上正式提出 1001 战略：在实体商场 1000 家的基础上，打造 1 个互联网平台，以家为核心进行业务的上下游外延。

红星美凯龙在尝试改变以往的工作布局。它原本就是一家大型的流通平台，从产业链来讲，它凭借成本控制、质量管控、效率提升这几个方面积极促进供应链升级，而在消费升级角度，它努力达成消费者对于质量和服务的更高要求，自上而下地同时满足工厂、品牌商家和消费者的需求，积极推动"家居4.0"。

作为中国家居产业的龙头企业，红星美凯龙"家居流通4.0"的举措无疑为其他企业和品牌树立了行业典范，在"家居流通4.0"的趋势和牵引下，一定会有更多家居企业参与其中，形成合力，引领中国家居行业走向新的阶段。

案例　艾佳生活——打造家的滴滴

2017年3月18日，精装中国拎包入住产业链高峰论坛在深圳麒麟山庄贵宾阁拉开序幕，来自万科、金地、龙湖、当代、保利、碧桂园、华远、绿城、远洋、泰禾、阳光城、华润、朗诗、首开、中粮、招商、城建、蓝光、华发、卓越、莱蒙国际等六十多家地产企业一百二十多位设计研发、成本采购、工程管理、精装等负责人及一百多位产业链施工、监理、建材等负责人参加。艾佳生活CEO潘定国出席了此次高峰论坛。

艾佳生活创始人兼CEO潘定国先生在此次论坛上发表了《艾佳生活——打造家的滴滴》主题演讲。艾佳生活是一家成立只有短短两年的明日之星企业，营业额从曾经的零到目前的数十个亿，一夜之间艾佳生活从一个年轻的企业成为一个互联网家居界备受瞩目的"网红"企业。艾佳

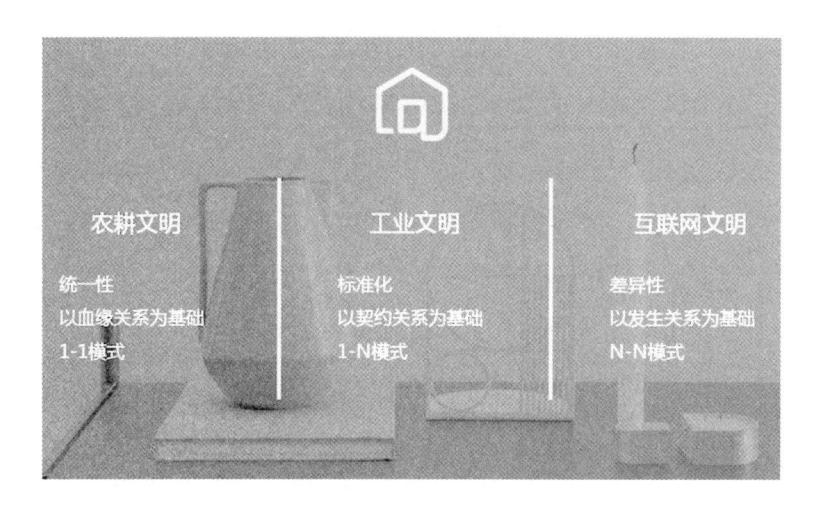

图 2-3　艾佳生活家

生活做的是"家的颠覆式创新"。

传统房地产行业，客户在付款后一两年才能拿到房子，而且拿到的是一个半成品。客户首先要将毛坯房装修完，然后买家具等软装配饰后才能住进去，这个过程至少需要大半年的时间。即使是精装房，也需要三四个月左右才能入住。这里面，产品和服务还有特别大的改善空间。

放眼当下的家装行业，仍然是在用农耕文明的方式在做。一对一的操作方式，效率低下，远远达不到工业文明的速度要求。

而艾佳生活——互联网家居生态平台的缔造者，整合了房地产、品牌硬装、品牌家居、设计师、消费者等资源，用共享经济模式打造出一家互联网家居生态公司，彻底颠覆了从"买房"到"安家"这一过程。

艾佳生活是"毛坯+定制精装+个性软装+…=家"理念的推崇者，是"1:1实景样板房"的开拓者。将售楼处、样板房打造为家居体验场所，在业内创造性地实现了"所见即所得"的空前效果，成为国内第一家打造全屋解决方案，一站式拎包入住的家居生活方式解决方案的提供商。

艾佳生活为软装企业建立了新的销售通路，为设计师提供了设计服务平台，为消费者提供了定制精装和个性软装服务，实现多方受益无人受损的共赢商业模式。

PART 3

打造新时代的家居品牌

品牌人格化

如今，许多品牌做起了情感体验，被许多年轻人看中，而这种对情感体验的看重甚至超过了功能体验。品牌要想成功，就必须建立与用户的情感关联，将其单纯的功能性形象转变成具有某种人格特征的象征性形象。

被人格化的品牌，不再是冷冰冰的产品，而是活生生的"人"，可以打动你、感染你。而所谓的品牌人格，可以理解为这个品牌的价值观、态度、特点及风格的总和。

有人说品牌人格化，就是将品牌打造成具有独特魅力和情感影响力的人性化品牌符号。如何理解品牌人格化？品牌人格化具有哪些具体内涵？为什么现阶段要进行品牌人格化创新？品牌人格化对品牌发展有什么作用？品牌人格化需要注意哪些问题？

在业内人士看来品牌人格化的方式是由自发到自觉、由粗放到精致、由直白到隐晦。当产品自身在同品类中差异化难以呈现最佳状态时，以任何一种方式塑造出来的品牌，都是在满足人们在特定时期的精神领域内的需求。

人们需要具备更好的品质、更好的设计、更有用的功能的产品。广告大师威廉·伯恩巴克认为，每种成熟产品都会产生一种与消费者发生微妙联系的元素，即"发现与生俱来的戏剧性"。即便是善于把问题简单化的乔布斯，也会推出不同配置的单一产品。为什么？因为乔布斯除了明白电子产品的行情外，更明白自己的商品是被赋予个性化附加价值的。而所有这些超越产品物质载体的"感觉"，就是品牌人格化的价值所在。

总之，品牌人格化，就是消费者的消费升级之后，其精神需求在产品上的投射，是物，但也有思想。

当谈起一个品牌时，如果从客户的角度来看，就像是提到了生活中一个具体的人一样，脑海中会即刻浮现出对其的基本印象：充满活力还是暮气沉沉，体格健壮还是小鸟依人，温婉大方还是不识大体……当然，喜欢或是讨厌、接受或是相斥的情感也会相应而生。简单来说，这就是现在人们常说的品牌人格化。

品牌即人，人即品牌，把品牌当人看是了解品牌最简单的方法。人有人格，品牌有个性；人有思想，品牌有内涵；人有脸面，品牌有形象；人有疾病，品牌有危机，也需要进行体检。

品牌人格也称品牌个性，是现代营销学、心理学研究领域的一个焦点。品牌应该人格化，即由品牌个性来促进品牌形象的塑造，通过品牌个性吸引特定人群。

品牌人格就像人的个性一样，通过品牌传播赋予品牌拟人化特征。第一，品牌人格化可以有效挖掘目标客户的情感附加值，激发客户群体对品牌的浓厚兴趣和情感依赖。第二，品牌人格化可以有效锁定目标客户类型，如针对性别（男性或女性）、年龄（年轻或年老）、收入或社会阶层（金领、白领或蓝领）等标准进行市场定位。第三，品牌人格化可以有效体现价值取向，在满足不同需要时开拓市场。

要通过品牌人格化令人心动、独具一格、历久不衰，就必须真正把品牌想象成为一类人，它的价值观、外表、行为等方面应该具备什么特征，并将之贯穿到品牌建设与维护的全过程。

今天，代言人对一个品牌的意义，早已超出了"在广告上抛头露脸"这么简单。代言人不仅要胜任传统广告，更要适应新媒体和自媒体传播。

用户体验是关键

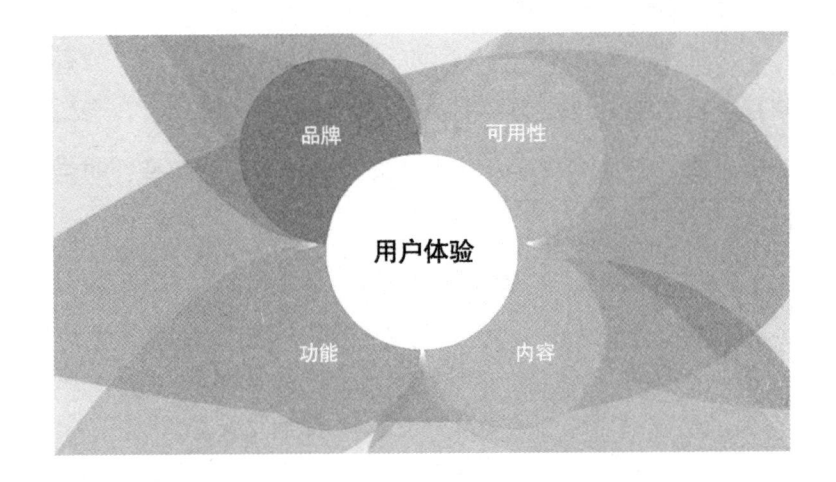

图 3-1　用户体验的定位和分布

消费者：好的用户体验是省时、省心、省钱

某品牌原木公馆一直以来从事定制原木门、橱柜、衣柜、护墙板、吊顶等木质产品，为消费者提供一整套木制产品的家装解决方案。相比市场上的单品家装，某品牌原木公馆的整木家装模式满足了消费者选购一体化、服务一体化、产品风格一体化等需求，真正做到为用户体验着想，让消费者在选购家装时省时、省心、省钱。

"以前买家装产品总是要跑好几家店才能买齐，不仅浪费时间，还浪费体力，更惨的是好不容易买回来的家装产品风格不统一，破坏了家装效果。"这是用户的一次选购经历，她说，"这样的体验真是折腾人，在我看来好的用户体验应该是省时、省心、省钱的。"

其实和这位用户有相同想法的消费者不在少数。有记者在走访市场中发现有45%的消费者都很注重用户体验，但是这些消费者表示能为他们提供较好体验的企业并不多，这曾经让他们颇为苦恼，直到某品牌原木公馆出现才让他们真切感受到不一样的体验。

经销商：提供完善服务，打造极致用户体验

为给消费者带来极致的用户体验，经销商严格执行企业的服务要求：售前，为消费者提供选购"导师"，通过上门考察现场、丈量尺寸，为消费者设计个性化方案；售中，为消费者提供体验、送货、安装等服务，高效解决家装问题；售后，不仅提供售后美容服务，还定期派工作人员回访，及时了解消费者需求。另外企业还在行业内创新性推出"假一赔十"保障服务，因为这一系列全面、到位的服务，该企业深受行业认可，被评为"最佳终端服务品牌"。

谈及用户体验，广东的经销商夏先生颇有感慨："服务无小事，要想提升用户体验，提供优质服务是必不可少的。"夏先生表示，为消费者提供优质的服务，除了能促进销售之外，更能塑造良好的品牌形象，提高消费者对品牌的好感度和忠诚度。

企业：严于律己，打造优质产品

某品牌原木公馆负责人认为，如今市场竞争激烈，难免会出现恶性竞争，比如不法企业为获取暴利出售伪劣产品。伪劣产品不仅给用户生活带来不便，更有可能危害用户安全，这无疑给用户带来了极坏的体验。要避免此类问题的发生，还需企业加强自律，生产出优质产品，为消费者营造舒适、安全的生活环境。

某品牌原木公馆深知企业要优化用户体验，不能只是说说而已，更要落实到实处。该企业坚持走环保绿色家装道路，除了产品原材料环保以外，所用工艺漆也做到安全绿色，其产品表面漆均采用环保无味漆，再使用德国进口的液压式喷油枪喷漆，油漆后的产品均经过严格质检，确保其环保标准高于国家标准。另外，他们精选国外进口的珍贵原木作为原材料，杜绝以次充好现象的发生，力争做到从源头上保障产品质量。

提高产品价值是优化用户体验的关键

如今，消费者购买产品除了看质量、服务，也越来越重视其价值，所以提高产品价值也是优化用户体验的关键。整木家装的存在不只是保障家庭安全，还担负着提高家装品位的"重担"，所以其"颜值"自然要更独特。

要提高产品颜值，保障其产品价值，企业可以从外观设计入手，比如手工雕花体现艺术感。整木家装虽然环保绿色，可是因为木材原料，如果不加以雕琢，就会缺少一点美观和灵气。经过专家、师傅亲手雕刻出来的雕花，形象生动，细节处理到位，产品更具艺术感和灵动性。

不少企业都在为"提升用户体验"而努力，但是具体情况还是要具体分析，不同的企业需要根据自身的实际情况和目标人群需求，来制定解决"用户体验"难题的方案，切不可生搬硬套他人的方法，"对症下药"才能药到病除。

注重个性，创造流行

家居行业市场调查分析报告指出，我国大型家居企业与中小企业形成鲜明对比，发展趋势较好，数量也在不断增多。但如同其他制造业一样，中国是家居制造大国，却不是家居产品制造强国。

要成为家居产品制造强国，家居行业必定要做到：第一，研发设计端通过设计创新，引领家居潮流导向，引导新的消费需求；第二，产品制造端通过新材料、新工艺的应用，提升品质、优化功能，从而提升家居产品的附加值；第三，通过商业模式的创新，重构家居产业价值链。在可预见的未来，中国家居对新材料、新工艺、新配件以及高端原辅材料的需求将呈爆发式增长，产品不断向高端化、多元化、智能化、国际化迈进。

创造"网红"经济

"网红"受时下互联网的影响，已成为社会发展中的一个新兴事物，对于家居行业来说，互联网为其提供了发展平台。

另外，个性当道时代，家居行业也要注重用户定制的重要性。

"网红"对于家居行业其实是一个新鲜模式。回顾2016年的家居行业，有很多精英堪称家居业的"网红"，其凭借自身强大的吸睛能力引起行业内热议，也受到众多网友的追捧。

格力电器董明珠，从与雷军的十亿赌约开始，到亲自上阵为其品牌代言，制造话题将格力与自己捆绑营销，毫无疑问地变身成了"网红"。红星美凯龙董事长车建新，曾在集团高层会议上要求公司员工以后不要称他"车总"，而是叫"车车"；在红星美凯龙30周年盛典上，除了邀请一众明星大咖亮相，车建新还与吴莫愁现场飙舞，让车粉们激动不已。此外，迪信家具掌门人、设计界宗师梁少禧，博洛尼家居品牌董事长蔡明，恒康家居科技有限公司董事长倪张根，尚品宅配家居有限公司董事长李连柱等，也都以各自的人格魅力吸引了一大批粉丝，进而使企业自身品牌更加深入粉丝心中。粉丝经济时代，家居行业也要打造自己的"网红"。

家居企业如何变身成"网红"

归根结底,如果没有家居企业品牌文化建立的成果,也就不可能打造出行业里的一部分精英,让其成为今天的"网红"。对于家居企业来说,时下发展的平台不仅仅只在互联网,而应占据整个市场,所以需要十分强大的影响力。成为时下热门的"网红"可以说是最具有战略性的营销和宣传方式。那么,家居企业想要成为"网红",需要具备什么样的条件呢?

家居企业如何变身成"网红"

品牌自我造势,自我炒作营销

有市场的地方就会有竞争,一个企业要发展是等不起的。都说"时势造英雄",那么,"造势"可以说是一种战略性的营销方式。这时候,企业与其坐等着"势"来,不如迎着"势"而上,自行"做势"。在信息化的社会,一个没有新闻动态或者广告识别度的企业,是没有任何一个消费者会花时间去关注的,所以,企业想要被关注和识别,首先就要会"造势",才有机会成为新兴网红。例如"天猫双12"就是被"造势"出来的,这里的"造势"简单来说就是一种营销策划手段,但不可否认,"天猫双12"已经成为了消费者们都关注和认可的日子。具体该如何操作呢?企业可以根据自身品牌情况,结合现在的流行元素,设定适合的宣传方式,举行一些活动,增加消费者对自身的关注度,把自己的"势"造出来,给消费者一个深刻的印象。

特色的形象定位

玩过抖音的读者都应该知道,能够成为"网红"就一定有属于自身的个性标签。例如网红"冯提莫",凭着演唱电影《前任3:再见前任》的宣传曲《再见前任》的精湛的唱功而房获众人。不难发现,现代人的喜好越来越明确,甚至喜欢用标签去整理生活。因此,不管是个人还是团队、企业,都需要有一个属于自己的人格化标签。

企业想要成为行业"网红",不仅需要明确自身的市场定位,还需要建立企业的品牌文化形象,同时,需要不断地提升品牌令其具有较高的辨识度。简单点说,就是企业品牌要有自己的个性,无论是企业文化还是产品工艺,要如同一个具有鲜活生命的人一样,这是企业自身的标志性展示。

有粉丝群

"网红"是如何赢利的呢?简而言之,靠粉丝。如果粉丝不再为其娱乐埋单,那么他们也不过是大家闲暇时的哄堂一笑罢了。所以,对于"网红"来说,粉丝就是他们的衣食父母,是比男朋友、女朋友都要重要的存在。同样的道理,消费者也是企业长久生存的粉丝,如果没有消费者愿意去购买其旗下的产品,那么企业距离倒闭关门也将不远了。因此,企业需要积累一定数量的消费者,就是要拥有一定数量的粉丝,才有可能成为"网红",这样才能够扩大企业的影响力。另外,企业粉丝群的数量和质量决定着企业未来成为"网红"后的"网红实力"。

与粉丝互动

有一种经济学叫作"网红经济"。在"网红经济"里,联系是相互的。如现在的直播界"网红",他们想要在粉丝的手中获得"打赏",就需要相应做出"服务"并且获得"喜爱"。对于家居企业来说,企业也要有所付出,才能完成与粉丝的互动。简单来说就是服务好粉丝,了解粉丝的喜好与需求,增加与粉丝的互动,才能得到粉丝更多的"打赏"。

家居网红如何升级为"大V"

企业成为网红需要具备的因素可能只是一个门槛,并不是说成为"网红"就万事大吉。因为市场竞争的激烈,不能成为"大V网红",那么也就是小打小闹地"玩票",不能真正给企业带来多大的盈利。所以,企业除了要成为"网红"外,还要成为一个高质量的"网红"。如何成为高质量的"网红"呢?

灵活运用各类平台

"网红"的"表演"是需要靠平台实现的,而越来越多的网红出现,得益于网络平台的繁荣发展,好的平台也意味着资源更加具有优势。利用好平台,可以让"网红"自身的质量得到提升。对于家居企业来说,平台不仅仅是网络,还可以是其他渠道,如纸媒、经销商终端,企业可以多渠道宣传发展，灵活运用各类平台。

提供高品质的产品

对于企业来说，与消费者的联系主要靠产品。产品质量的高低，直接决定了"网红"企业与粉丝是分手还是稳定发展，所以产品的质量是关键。企业要生产出高品质和符合消费者喜好的产品，才能获得消费者的心，同时建立更为稳定的关系。企业必须研发创新，从根本上提升产品的质量，让消费者对自己的产品产生信任和依赖性，从而形成口碑，获得更多的粉丝拥护。

增加互动的深度和广度

之前提到，成为"网红"一个必备的责任是服务粉丝，服务到位能增加粉丝的黏性，稳定彼此关系。"网红"企业更是需要增加与粉丝的互动，及时了解粉丝的动态，以便做出相应的调整。企业可以多渠道接受消费者的意见和建议，根据市场的动态来调整产品，让产品更加贴近消费者的需求。企业与消费者的互动能让企业保持向上的态势，随时沟通想法，可以减少不必要的相互伤害，同时增加外界对企业的好感度。

家居企业的"网红"之路，要不要走？如何走？更多的是看企业的发展需求。时下，互联网技术发展迅速，影响范围很广，为许多企业提供了很好的展示平台，可以说，互联网是家居企业品牌推广的"新战场"。互联网时代，每个人都能成为主角，而有特点、有才气就具备了成为"网红"的潜质。"网红"的背后包含了完整的盈利方式，主要通过"网红"和粉丝的互动完成，企业亦不例外。

"网红"经济的实质就是利用社交电商平台"吸粉",再通过粉丝赚取相关利益。不同社交平台的出现给予了"网红"发展的契机,如从最初的淘宝店铺赚取人气,到现在流行的直播平台。因为不同平台的涌现,"网红"与粉丝间的互动模式得到不断完善,从而使得收益不断增长,吸引越来越多的人前赴后继。

好服务造就好口碑

专业铸造经典。合生雅居专注定制家具近十年,纯熟的生产工艺及管理经验,使产品出错率低于同行,交付周期优于同行,客户持续累加,单量稳健增长,并于2016年斩获"中国衣柜十大品牌",受到业内外一致认可。该公司自2006年成立以来,整合行业最优秀的供应商,视产品质量为生命;凝聚全体员工的智慧和创造力,把创新作为公司发展的根本动力;秉承客户至上、制造精品的工业精神,荣膺"中国衣柜十大品牌"实至名归。

所以,家居企业打造品牌口碑是营销的关键之一。

坚定品牌化发展道路

服务型衣柜企业必须是以客户需求为中心的,经营者所有的活动都必须围绕客户需求展开。如今,服务型企业已经从单纯的企业信息化,到信息化企业的转变。合生雅居在保持原有生产优势的情况下,坚定走品牌化发展道路,聘请著名影星王艳为品牌形象代言人,门店销售统一使用iPad导购系统,超前设计、精心施工，打造行业最大的工厂旗舰展厅，为客户提供全景式、具有国内先进理念和产品系列的体验中心，为提升和展示品牌做出最有利的佐证，多次荣登央视知名节目"交换空间"。近年来，合生雅居用实力说话，专注为客户提供最具性价比的产品，为每一个消费者打造"最合适的生活，最优雅的居住"，打造行业最具投资价值品牌，在受到行业与市场的高度肯定与赞誉的同时，收获了万千消费者的喜爱与支持。消费者对合生雅居的喜爱，精准诠释了"懂你，更懂定制你的家"的理念，也使得"贵在专属"的合生雅居竭尽全力为客户完美打造专属家居。

保持原有的生产优势

合生雅居定制衣柜，生产基地位于定制衣柜产业链最集中、最完善的广州，依托广州定制家居产业大背景，保持高效生产，凭着努力制造精品的奉献精神，凝聚全体员工的智慧和创新设计能力，向消费者提供家居设计方案，使消费者享受高品质的家居产品和人性化的家居产品的综合服务。精准拆单，高效运作，严苛自检，合理归类，充分保障每一个订单在到达消费者家里时，是可以完整安装的，一块板材、一个配件都不能少。在当今竞争白热化的趋势下，促销已成为常态，可以预见未来衣柜行业的发展方向也必然是产品和服务的竞争，家居企业唯有重视产品才能强化竞争力，提升并深化体验服务，打造消费者满意的使用全程体验才是最终获胜的王道。

进行场景革命和人性营销

智能家居对有些人而言已经不陌生了，提到智能家居，人们会联想到很奢侈的家居生活。其实，智能家居是以居住房间为一个展示的空间，是包括网络通信、设备自动化、信息家电，集系统、结构、建筑、服务、管理为一体的高效、舒适、便利、安全、环保的居住环境。它并不只有传统意义上的居住功能，在为用户提供安全且舒适的家庭生活空间的同时，通过高科技把智能带进用户的生活和家庭，从而帮助用户家庭与外部保持交流畅通，有效并合理地安排时间，增强家居生活的高效性和安全性，除此以外还可以为用户节约各种能源费用资金，防范一些不必要的安全隐患。

简而言之，家居智能化就是将舒适、方便、安全、节能注入用户家庭的生活方式。

例如，智能家居安防系统，不仅可以对家里进行实时监控，一旦有人闯入，系统立即向物业和公安部门报警，用户能在第一时间收到报警通知；而且，当家里的烟雾浓度超标、水位上升时，系统也可以感应到并进行报警，第一时间排除安全隐患。

情景模式，完全根据用户的需求，进行场景的设定。"西餐模式"浪漫温馨，"中餐模式"高贵大气；"回家情景"按钮，灯光亮起，犹如欢迎主人回来；当用户离家时，选择"离家模式"，系统就会自动断开电源，锁好门窗，不再需要反复确认家里的门有没有锁、灯有没有关。

不论你在家里的任何地方，只需要一个遥控器，用户就可以随心控制家中的任何设备，如照明、窗帘、空调、音响。出门在外也不用担心，可以实现对家中一切的轻松管理！这样的革命，没有一个消费者会拒绝，而其人性化营销更是令人被深深吸引。

加速用户定价时代的到来

微价商城是C2B电商模式中走得最远的代表，它是一个以消费者自由出价为核心理念的购物网站。在微价商城，商品的定价由消费者决定，挑选商品，写出需求价格，然后邀请好友帮自己顶价，好友越多领取，微价商城的补贴就越多。微价商城开辟出了一个全新的社交与购物相结合的体验模式。利用微信朋友圈真实、快速的传播特性，消费者和好友分享就能获取优惠，领取商城补贴。C2B模式更具有前瞻性，相对更为符合现代年轻人的需求，为消费者带来不一样的体验。

在实际操作中，微价商城的新型顶价活动无论是优惠程度还是口碑效应都被大家所认可。

微价商城的自由出价模式正在开创用户定价模式，这种模式正在悄然兴起，会逐步打破现有的商业逻辑，并最终形成一种大趋势。

移动互联网对于传统商业模式的颠覆，首要一点是把消费权利重新赋予消费者自身，即真正以消费者为中心而不是以商品为中心，由过去传统企业所把控的商品特权转移让位给消费者控制的消费特权，这种权利的转变，会使得传统商业模式发生颠覆性的变化。这种颠覆性的变化将使商品的价值以及成本变得越来越透明，消费者在透明的商业环境中变得越来越聪明，他们不会为不必要的成本埋单。也就是说，以用户定价的互联网时代已经来临。

价格上的透明使互联网商业又回归到其本质——为客户创造价值。而C2B模式本着用户定价的方式，在微价里做到了史无前例的消费突破——消费者确定价格。这种商业逻辑的微弱转变使得企业更具有竞争力、存活力，虽然整体的商业环境没有让消费者成为中心，但是"用户定价"时代离我们已经很近了。

有一种观点认为，社交和电商是一对矛盾结合体，社交是精神上的需求，电商是物质上的需求。社交主要的功能是供人们来消遣、娱乐，而电商的主要目的是以购物来实现生活上的所需。

微价商城正在与传统定价之间寻找一条平衡之路，曾经开展一次倡导大家"参加越多、价格越低"的活动,在短短几个小时内汇集了上百万人参与定价,达到产品营销与销售的双重目标,其成长速度和活动效应都堪称电商界的奇迹。

案 例 顾家床垫跟年轻人"谈恋爱"

在当下"90后""横行"的市场环境中,品牌营销发展的王道只有一个核心,那就是"怎样抓住年轻人的心"。然而,形象固化、产品创新不足、受众群体老年化等自身压力,以及对年轻人所热衷的"二次元""社交化""黑科技"等营销领域的不了解,为品牌的年轻化之路带来不小阻力。年轻人到底在想什么?该如何融入他们?如何创造属于他们的价值?让我们来看看,顾家床垫是怎样通过"超级垫粉节"赢得年轻人的欢心的。

无数品牌都以为产品年轻化就是包装年轻化。其实不然,产品年轻化,就是要去重新思考自己的产品是否符合年轻顾客的需求,如果不符合,那就要研发新的品类。

如今连29岁的朋友都开始自嘲已步入中年。事实上,社会新鲜力量还是在25~35岁之间,他们是正要从小资迈向中产的年轻人。这部分人也是顾家床垫接下来要寻找的核心消费人群。他们充满干劲,对未来充满着希望和梦想,生活态度认真,想要通过奋斗让自己变得更好。为了更好地和这部分人群沟通,顾家床垫经过长期研发,在床垫外形上大胆设计，打破了以往床垫颜色单一的传统，成为顾家床垫史上第一款5色可选的床垫。经典白、居家灰、爱马仕橙、樱花粉、绅士咖5种颜色可供挑选更换，努力寻找它们的粉丝群。该款床垫在"垫粉节"当天迎来了全球首发，赚足了年轻人的眼球，也进一步加快了品牌年轻化的升级。

团队年轻化：除了年龄还有思想。

营销年轻化，也是许多品牌关注的重点。今天的品牌想要营销年轻化，一定要做到"以年轻人喜欢的方式出现在年轻人的眼前"或者干脆"和年轻人谈场恋爱"。"垫粉节"当天，顾家床垫邀请了邓超作为品牌代言人出现在该发布会现场。利用现代年轻人对明星IP的热衷，吸引了"垫粉"们的关注。

顾家床垫也知道，请代言人是品牌营销家常便饭的事，有一定关注度但还不够强烈。所以在邀请邓超的同时，顾家床垫发起了全国城市代言人的征集活动，让用户能充分参与其中。在活动当天，百位城市代言人齐聚杭州，和邓超一起为"垫粉节"助力。除此之外，顾家床垫还倾心出品了一部微电影《床囧》在当天首映。迎合现代年轻人大部分碎片化时间花在看视频上的习惯，用轻喜剧的拍摄手法，以年轻人更易接受的传播方式，看似"污"又带着正能量的传播内容，在潜移默化中传达品牌的温馨理念。这样的营销推广，相比传统的硬推广更好玩，效果更好，吸引的粉丝都是能够跟顾家床垫相匹配的年轻用户，这样的营销才是真正意义上的年轻化。

其实,品牌年轻化最终要达到认知年轻化,这是最终的目的,那就是要在消费者的心中,给品牌贴上"年轻"的标签。"年轻化"并不是想象中的那么容易,品牌的"年轻化"必须是一个系统化的过程,顾家床垫在"年轻化"的路上努力积极地探索和前进。

PART 4

定制家居引领发展新潮流

互联网带来消费者主权时代

阿里研究院发布了《新零售研究报告》，在其中充分讲述了未来零售业的形态，对如今零售行业的状态进行了冷静而客观的分析，并且以长远目光预测未来零售行业的趋势。当然，这份报告也被很多人视为是艰难晦涩的"阿里相声"：术语难懂、解释牵强，似乎只是为了证明零售行业阿里巴巴的江湖地位。

无论如何，零售行业的从业者都必须回归原点，对零售行业眼下的状况进行具体分析——只要处于零售行业，都无法摆脱这场零售行业的变革。工业4.0时代的到来也好，家居行业面临的转型与升级也罢，都需要全部从业者的共同努力和奋斗。

消费者主权时代到来

随着社会在科技方面的创新与发展，高效能的生产率与跨越性的交易率正在改变着人们的生活水平，我国的消费形势正处在与过往相比难以想象的变化之中，消费从1.0时代进化到4.0时代。

消费1.0时代——计划经济消费

1.0时代又被称为计划消费时代，那时候实行的是计划经济体制，市场供给需要按照规定把控，人们日常生活所需用品都必须采取配额制度，通过使用饭票、粮票、煤油票等媒介进行等价交换。当时的消费者可以说是被动式的计划消费，可以选择的商品种类特别稀少，能够选择的范围也相对狭窄。那时候人们的各种需求很难得到满足，当时的零售渠道主要是供销社的贩卖形式，以柜台销售为主。

消费2.0时代——自由选购

伴随着社会的不断发展，我国开启了经济体制改革和生产力的革新，人们的人均可支配收入在增加，产能也在持续提高。1.0时期的供销社形式的消费模式已经远远不能满足人们日常生活所需，开始建起了各类小型的超市、百货商场、便利店等，商品的销售与购买的渠道开始出现多元化。

消费3.0时代——品质消费

社会进入了产能经济过剩的时代，商品种类繁多，供给开始大于需求。丰富的物质生活，使得人们的消费观念逐渐发生着改变，人们不单单满足于物质的需求了，而是追求消费的品质，更注重服务与体验。新零售业出现，以此来满足多样化的品质消费诉求。

消费4.0时代——个性消费

"90后""00后"甚至"10后"逐步成为新时代的消费主体，他们对品质、审美、喜好等需求各不相同，更加注重的是个性化、感情化和社交互动化。各行各业也在借助互联网更直接地靠近消费者，个性化消费时代迅速到来，而各巨头也在加速布局着个性化服务，以此来满足其需求。越来越多的人购买一个产品，是出于喜好而非真正意义上的需要，随着消费动机的改变，"冷冰冰"的标准化的产品将逐步被"有温度"的定制化的"非准"产品所替代，消费倡导"要把时间浪费在美好的事物上"。

家居定制一体化

家居定制一体化，指的是根据整个空间，应用衣柜、门、隔断、沙发、整体卫浴等装饰材料中的一两种相同或者反差极大的元素搭配，使家居色调、风格统一而不单调，达到效果显著、品味提高的目的。

家居定制一体化在国内兴起于2006年左右，这得益于"80后"人群逐渐成为住宅的购买群体。他们对家装要求较高，更追求个性化和现代感。而企业的家居定制一体化设计模式内涵丰富、效果完美，具有强大生命力的装饰主题，深得个性化群体的青睐。国内最早倡导家居定制一体化理念的当属国内某企业于2006年与意大利VSA时尚集团联合推出的"门道艺术生活馆"，即门窗衣柜定制一体化体验馆营销模式。"门道艺术生活馆"强调在提供门窗衣柜定做服务的前提下，提供颜色搭配、款式选择、整体装修设计方案于一体的一站式服务。受门窗衣柜定制一体化服务的影响，目前照明领域、卫浴领域、橱柜领域也逐步兴起定制一体化的风潮，为客户提供一站式家居定制服务。

家居定制一体化有广义和狭义之分。广义上的包括整体橱柜、定制家具、整体卫浴、集成吊顶、地面铺装、墙面装饰、软体家具、窗帘布艺等与家居相关的各个环节。国内市场目前明确提出一体化定制家居概念的只有家居定制一体化服务，比如整体卫浴定制、衣柜定制、整体橱柜一体化定制。未来的家居市场必将通过整合与发展，让更多的家居企业进入一体化定制家居领域，此领域也必将成为中国家居企业的主流。

家居定制一体化可以实现家居装饰风格协调一致，为客户省钱省事省力；也可以按需设计，自主搭配，充分满足客户个性化的需要。所以，家居定制一体化大有逐步代替传统装修模式的趋势。家居量身定制的营销模式及以人为本的核心理念，已成为吸引消费者的绝佳卖点。家居定制一体化的兴起从侧面反映出整体家居行业的发展速度与行业规模，在当今提倡集约型发展与人性化营销的时代，家居定制一体化营销的方式将有望成为行业发展的新模式。有数据显示，2008年全国房地产市场直接带动的家居市场容量经测算达到1.18万元，近三年家居市场容量的复合增长率为18%，比商品住宅销售面积的增速更快且趋势更平稳。如果考虑到存量住宅带来的二次装修、家具等家居用品的销售，市场容量将进一步提高，家居产业的发展前景相当可观。

尽管家居定制一体化能带来"省钱省事省力"的便捷服务，但消费者在选择家居定制一体化服务时不可马虎，应注重以下几个方面。首先是设计师资源，厂家的设计师资源是考验企业有无能力提供优质家居定制一体化解决方案的"晴雨表";其次是整体家居风格颜色的搭配,优秀的厂商都会考虑到全屋家私的整体协调搭配,而不仅仅是上门量尺寸、安装家具;第三,注意全屋家居的低碳环保,家居定制一体化服务,要特别关注系列配套家具的环保性能,比如关注甲醛含量、板材是否达到E1级标准。

家居定制一体化在国内经过初创期的探索与磨合,企业更注重产品与本土应用情况的结合,逐渐形成了比较完整的设计、生产体系和价值品牌,同时经过各企业的推广与营销,在消费者中已经具有较大的影响力。随着家居定制一体化的不断完善,服务领域的不断扩大,可为消费者提供更多的选择,实现人们提高居家品质的目的。

新消费的新特征

马化腾曾经说过:"我最大的担忧,就是越来越看不懂年轻人的喜好。"无独有偶,马云在一次互联网大会上也表示:"不是我们打败了谁,而是新的技术、新的年轻人、新的消费习惯(打败了他们)。"如此可知,零售企业最大的威胁不是线上线下,而是消费的变化,消费者的变化。那么,新消费时代具有哪些新特征呢?

有专业人士在媒体公开发表文章指出了新消费时代具有如下新的特征,在此引用以说明问题。

消费的场景:渠道革命

渠道是零售的载体,也是连接消费者与商品的媒介,供应链的最后一公里。经济发展、生产力进步、科技创新、消费升级，不断推进零售业、零售渠道发生改革。其演化历程共分五个阶段：百货商场阶段、连锁商店阶段、超级市场阶段、购物中心阶段和无店铺经营阶段。

根据其演化历程，零售渠道有以下两种发展趋势。第一，碎片化。渠道下沉，消费场景不断分散和重构，使购物的便利性极致化。便利店、精品店、会员体验店等小型业态迅速发展，从近年来美宜佳、全家、7-11等便利店扩张式开店可见一斑。第二，集中化。渠道进一步集中，消费场景不断地聚合，多样化购物的体验性更强，购物中心、商业街等大型业态持续做大做强，由此造就了像万达广场这样的大型商业综合体的蓬勃发展。

消费的需求：从"二八定律"到"长尾效应"

在短缺经济时代，商品销售的分布满足"二八定律"，即80%的市场份额来自20%的商品。例如曾经的桑塔纳轿车、海尔冰箱、科龙空调几乎成了该品类商品的代名词。

在丰饶经济时代，商品销售则呈现"长尾效应"，既有集中于头部的热销商品，也有分割出不同利基市场的海量长尾商品，市场"头部"和"尾部"几乎占据对等的市场份额，甚至尾部更大。

例如目前的智能手机市场就是一个典型的长尾市场。2016年中国大陆线下渠道走量的74款手机机型，iPhone7、华为Mate8等畅销款名列前茅成为"头部"，金立、乐视、酷派、中兴、朵唯等手机品牌推出的款式组成"尾部"，形成典型的

"长尾形状"。不可一世的海尔冰箱市场份额虽然仍然保持第一，比重却逐年下滑，至 2016 年的 16.9%，"二八定律"开始动摇了。

从消费的角度来看，需求会集中在头部，即流行，而分布在尾部的是个性化的零散需求，这部分差异化的、少量的需求会在需求曲线上面形成一条长长的"尾巴"。将所有市场累加起来就会形成一个比流行市场还大的市场，这就是所谓的"长尾效应"。长尾效应是此间的一种现象，只有头部，无法满足用户的更多需求，只有尾部，用户则会进入一个陌生的世界，无从下手。

消费的连接：从"价格"到"品味"

在消费 1.0 时代，在计划经济体制下，商品通常有价格而不能真实反映其价值，产品交易数量大多基于分配而不是基于供求关系。

在消费 2.0 时代，"价格"成为购买决策的最重要考量因素，市场完全符合西方经济学里面的供求曲线，需求随价格上升而减少，供给随价格提高而增加，价廉物美的商品备受青睐，价廉优先。

在消费 3.0 时代，"品格"成为关键的决策因素，物质文明生活的提升促使消费升级，过硬的品质和服务的格调成为商品的卖点，用户不再盲目追求低价，对"物美"的考虑开始优先于"价廉"。

在消费 4.0 时代，"人格"成为交易触点，大众消费市场日趋个性化。消费者需要个性化的产品，不仅要在功能上满足他们的某个痛点需求，还要在情感上让他们对该产品产生一种"连接感"。

"产品IP化"成为零售客体的转型方向，我们需要从以下三个层面进行产品打造：第一，物理层面要求"有用"，产品至少要有三个功能差异点；第二，化学层面要求"有趣"，产品能够与用户愉悦地交互；第三，社会层面要求"有爱"，产品要有情怀，要打造文化与情感的共鸣点，形成共同的价值群落。

帮你读懂消费者心理

接下来，我们从消费心理的角度，来一场更深度的剖析。

注意——兴趣——联想——欲求——比较——确信——决定——满足，这就是消费者消费心理的变化。

待机——接近——提示——了解——说明——推荐——解释——建议——成交——附加——欢送，这是消费动作和销售流程的变化。

上述两个场景或许很容易理解，但还是没有说明白如何提高商品展示力来俘获消费者的心。

商品展示力，指的是店面形象和产品的自我展示能力与销售能力。有了好的店面形象，才会被消费者注意到，让消费者有好的联想，才能让消费者产生拥有的欲望，他才会进一步想，把这家店里的产品放到我家会是什么样子。如果没有这些，顾客不会进店。所以，能决定顾客是不是愿意进入一家店面，使其产生美好的联想和兴趣的直接刺激是（店铺）商品展示力。到中间阶段，导购的推荐能力、成交能力才会逐渐发挥作用，导购的价值也才开始体现。

在刚接待顾客的时候，技巧是没有太大用处的，按流程走就好了。那么，技巧什么时候开始有用呢？越靠近成交，技巧越有用；越靠近成交，技巧越有价值。

综上可见，如果你没有好的店面形象，没有好的自我展示能力和聚客能力，顾客是不会进店的。如果顾客不进店，再优秀的导购、再好的产品、再优秀的品牌、再大的工厂都没有意义。

一件商品卖到什么价位，不仅仅由其价值决定，决定因素还包括它所带来的整个消费感知，好的店面环境、好的购物环境是非常重要的。

打造良好的形象

只有在店铺形象对顾客有足够吸引力的情况下，顾客才会进店。总结为一句话就是：以人为本，"投形象小钱，赚市场大钱"！

什么叫作以人为本？以人为本的本质在于"以客为本"，换个心境、换个角色来审视自己的店面。你可以站在不同的位置上来观察自己的店面，左边、右边、中间各看3分钟，观察有什么不同，也可以站在顾客的角度想一想，同样是卖瓷砖的，在众多的店面中，顾客会不会选择自己的店。家具、门窗、墙纸的店面亦是如此。即使你觉得自己的店铺很好，没什么毛病了，也还是要用心观察顾客是否和你一样愿意进入你的店面。

如果答案是肯定的，那么恭喜你，请继续保持，你一定会越做越好；但如果答案是否定的，你就必须要仔细思考一下，看看有什么地方是可以优化、改善和提升的。

当然，我既不希望大家从来没有仔细看过自己的店，也不希望大家天天看，因为天天看会变得没感觉，保证每周至少一次的频率来做这件事是比较合理的。如果你自己还是没有办法找出问题，可以求助陌生人，比如神秘顾客，真正站在消费者的角度来帮你审视店面。如果他表示愿意进店，那证明你的店面形象基本还是可以的，反之，就需要好好推敲一番了。

生意做得好不好，主要看三点。一是有没有人愿意进店；二是能不能成交；三是能成交多少单。后面两点可以通过提高销售技巧和成交方法来完成。但是如果你的店面形象不好，必然导致进店这一环节存在硬伤。无人进店，再好的销售技巧和成交方法都是枉然，你就输在了起跑线上。

在这里，送大家两句话：实力未知时，实力决定结果；实力接近时，"颜值"决定结果。如果实力相差太大，当然还是看实力；但是如果实力相近，或者消费者并不知道谁的实力更强时，"看脸"就变得非常重要了。

家居行业的绝大部分品牌都是业内品牌。什么是"业内品牌"？就是指这个行业内的人都知道，但是消费者并不了解。不像其他行业，比如服装、家电，买不买你都会了解到相关的品牌和产品知识。对于家居行业的业内品牌，店面形象是唯一的参考凭证，店面形象和产品如果呈现得好、展示得棒，消费者就会认定你店里的产品是好产品，你的品牌是好品牌。当你不能通过店铺的优质形象一举拿下消费者时，他最终给你的回复往往是"我再考虑考虑"——店面形象至关重要！

标准化和定制化的较量

在家居行业，人们历来喜欢探讨"标准化"和"定制化"。有人更喜欢整木定制家居，显得更古朴和典雅，看上去也更有文化气息。但是年轻的社会白领阶层偏爱标准化，标准化的产品一般更有现代的设计感，给人一种新奇的感受，甚至有人认为"标准化必然碾压定制，成未来主流"。

有专家认为，在未来十年、二十年乃至一百年的时间里，标准化和定制化家装的较量会一直持续下去，因为它们不仅仅是家装，更是两种文化的象征。社会在向前发展，但是总有人更喜欢传统文化，这两种概念会长期并存，并且逐步融合发展，只是在不同阶段市场占比会出现变化而已。大规模标准化家装的归途，是房地产产品的完整和成熟，即新精装房时代的来临，家装行业的进步速度迟早会赶上这个时代！对此观点，我本人非常赞同。

工业化、互联网时代　目标市场　客户　产品/服务　性能

社群　用户　连接　体验　移动互联时代

图 4-1　标准化和定制化的较量

全民已经进入到了"招摇"的个性时代，自我意识凸显，个人定制成为主流，个性定制成为市场新宠。我认为，真正的定制不仅要具有外观专属性，更要有根据消费者的需求完成功能独特配置的能力。

标准化与定制化的一致性

我们在谈到定制化与标准化的时候，总是喜欢把它们对立起来，其实它们也有很强的一致性。没有标准化，定制不可能走得长远，而没有工业生产的定制化，部件的标准化也没有太多必要。我非常赞同以下观点：定制化和标准化是互相补充的关系，定制一定是在标准化模块的基础上融入一些个性化，会占市场份额的一部分，但不会成为主流。标准化和定制化是互相融合与补充的，二者的发展趋势是共存的，不一定非要拼个你死我活。

站在企业的角度来看，定制化是一条很难走的路，因为追求个性的同时，必定要舍弃一定的产能和效率。但是站在用户的角度来看，标准化并不能满足其所有要求，千篇一律的形象不能永远满足人类的口味。家装市场需要形成流水线式的标准化，但是定制化才能更好地满足用户各不相同的需求，而且标准化需要从定制产品中获取灵感，进而补充自己的不足。如同业内专家所言：标准化是现在，定制化是未来。标准化也是定制化必须经历的阶段。只要供应链的后端实现柔性供应，个性定制才会大放异彩！二者市场份额在不同时期会有变化，但二者必将长期并存，这是由消费者需求决定的。

其实，定制化和标准化也可以进行有限的结合。比如有的企业做DIY产品，提供几个不同个性的配件，然后让用户自己选择、搭配。随着定制家居走向全屋定制，全屋定制企业已经成为小家装供应商。未来的主流是无定制不家装。但是，没有标准化基础的定制也是不会有出路的，除非是为极少数人服务的作坊式生产模式。十年前是标准化为代表的成品家具一统江湖，而现在定制化家居企业也来分一杯羹了。

标准化家装的三步走战略

无论未来怎样发展，有一点是可以肯定的，那就是产品质量和服务体验永远是家装的核心。随着行业的发展与进步，新技术和新材料会得到更广泛的使用，传统工人逐步减少，工业化、标准化的装修方式逐渐崛起，只有基于标准化的产品和服务才能更好地实现个性化的客户需求和体验。

在家居行业，家装服务很重要，而家装服务又有三个最重要的环节。首先是产品质量，这是毫无疑问的；其次是企业与消费者的沟通和交流；最后一个环节是支付。想要真正实现标准化家装，必须实现上述三个领域的标准化。

爱空间在中国的标准化家装方面起步较早，它的行业模式就严格遵循了标准化，我们不妨看看它是如何做的。

2017年4月23日，爱空间举办了一场新品发布会，发布会的名字是"确定的幸福——2017爱空间"，主要涉及标准化家装。这场发布会还是比较成功的，到下午正式销售额就突破了1亿元，稳居天猫家装品类新品上市销量第一的宝座，同时以16小时破亿的速度，刷新了爱空间在2016年"双11"保持的单天成交额过亿的历史纪录。

值得一提的是，该发布会并不仅仅是推销会，爱空间的创始人陈炜还与中国建筑装饰协会家庭装修委员会秘书长张仁一起，颁布了《标准化家装施工行业管理规范红宝书》，这在家居行业内尚属首次。这本书里针对家装行业信息不对称、服务不规范等乱象提出了自己的看法，旨在制定标准化家装服务规范与准则，推动家装真正从手工作坊时代迈入现代工业文明时代，让消费者更加轻松地装修。

标准化家装三步走

- 三步走
  - ·标准化产品
  - ·标准化交流
  - ·标准化服务

图 4-2　标准化家装三步走

标准化产品

我们有理由相信，未来的家居行业会发展出一套流水作业的家装模式。虽然我们每个人都推崇更加精致的装修，但是在实际生活中，80%的年轻人更倾向于选择标准化家装，省心省力、性价比高、施工质量好、服务规范是其核心竞争力。尽管呈现模式一定是套餐式的，但与近年来行业中层出不穷的套餐营销不同，产品标准化的作用在于真正地杜绝装修中的各种不确定性因素，包括展厅对真实场景的还原度、实际装修效果、平方米报价、装修价格等。

标准化交流

企业和消费者的交流体现在多个方面，例如家装交付、后续的反馈。在过去，这些都是通过面对面的方式进行的，但是互联网的普及，缩短了人与人之间的距离，企业和消费者的交流也变得更简单了。企业可以建立一个网络平台，将所有信息全部数据化。用户打开App，登录之后，可以清楚地查看装修图纸、项目团队、材料清单、装修时间等重要信息，还能看到每一天装修现场的照片。如果用户感到不放心和不满意，可以通过网络直接说出自己的意见和疑虑。

标准化服务

企业的服务分为三个阶段。首先是售前咨询，用户可以通过网络直接询问相关信息；接着是售中，用户提出自己的新要求，标准化就是要实现透明化，所选用的装修材料都可以在网上查到；最后是打分反馈制度，这一点用移动App、电话回访等方式可以很方便地做到。

定制化服务的出路

长久以来，家居品牌在商场中都充当配角，而随着产业不断升级，消费的需求在不断变化，对于美好生活环境的追求不断增加，家居产品的品牌专卖店也逐渐在市场中占据了一席之地，行业必然朝着更加规范化的方向前进。同时，消费者的品牌观念不断提升，好品牌代表着好质量，这一观念逐渐深入人心。各大品牌也逐步培养起属于自己的口碑用户，品牌专卖店逐渐在卖场和购物中心里树立自己的独立形象，对消费者的吸引力绝不低于其他日常用品。

家居行业是一个处在中间地带的特殊行业。自从我国加入WTO以来，很多行业均处在行业协会的保护和整体规划中。可是对家居行业来说，行业协会的作用并没有充分发挥出来。随着越来越多的国际品牌进入中国，占据了市场很大的份额，给国内的很多品牌和厂商造成了冲击。所以，随着规范市场成为必然趋势，行业协会必须在其中发挥比之前更强有力的作用，保护本地品牌和企业的利益，只有这样才能让民族企业和品牌在不断激烈的国际竞争中谋得一席之地。

近几年来，消费者的自主意识和主人翁意识越来越强，家居产品不再是一件买回家的商品，而是在某种程度上成为了消费者的一种对于家的理解和寄托，所以有更多的消费者希望在买家具的过程中体现出更多的个性化和参与度。这就要求商家必须从被动的售后主动走向前台，走向主动迎合消费者的位置上。在这里需要强调的是，在主动迎合消费者的阶段，商家必须从设计阶段开始就让消费者亲自参与其中，为消费者和客户度身打造出符合其品位和审美的产品。同时，在这个过程中，有一个趋势体现得十分明显，那就是曾经的经销商转变成了服务商，同时也就意味着商家从销售产品转变成为提供服务，并在服务的过程中创造更多的潜在利润，这必然导致家居行业商家的竞争从产品和技术的竞争演变为专业服务的竞争。

向机械化转移和发展

由于国际上反倾销的趋势不断加强，许多国内的家居企业已经受到了严重的冲击，有的被迫关门停产，也有一些还在维持。同时，受到一些政策的影响，很多合资企业逐步迁往江浙地区，也有一些转移至劳动力成本更低的东南亚地区的发展中国家。

随着土地资源的减少，在2008年新的劳动法颁布实施之后，家居行业的劳动力用人成本提高，原有的低廉劳动力优势已不复存在。国内销售家居的市场并没有得到改善，曾经的外销优势也在削弱。有很多企业试图迁往一些更下线的城市进行生产，因为那些地区的用人成本更加低廉，然而在那些地区的生产环境和产业链不成熟，家居行业难以以一己之力快速形成气候。在这个过程中，毋庸置疑的是任何产业的形成和转移都是牵一发而动全身的，单独的地理因素不能成就任何一个家居企业的发展。凡此种种，家居行业唯有依靠自身改革才能在逆境中力挽狂澜，求得生存和发展。

生产与经营分工合作

在家居行业，相关知识的运用贯穿企业运营的各个方面。从企业领导层的再学习、再升级，到企业员工的自我提升与吸收新理念，近些年来，利用先进知识管理企业势不可当。运用知识和特定的技术支持可以有效规避管理和运营人员在经验上的不足和缺陷，为企业运营和品牌管理提供更加坚实的支撑，而且为管理人员在理性上提供更多的参照和依据，让企业的运营建立在科学和实践并存的基础之上。

为了更加高效率地占领市场，有的家居企业采取两极分工合作的经营模式。一方面设立运营品牌的部门，不设立工厂，不加工产品，只负责将所属的品牌以科学的方式营销出去。另一方面是工厂的集中设计与加工，这让企业在生产环节上能够集中精力，不用考虑维护市场和客户。经过实践证明，只有两极共同合作才能使企业的运营效率达到最佳。

品牌打造与生产经营的分工合作有以下好处：使企业的特长项目得以分工，各个部门集中精力做自己擅长的事情；实现生产与销售的分离，清晰职权划分和归属；生产走向订单型、集中型发展，便于整合管理与规划。

只有实现了生产和销售的分化管理和运营，才能迎合市场需求，打造出同时适合内销和外销的复合型产品，提高企业的经济效益，求得生存和发展的更大空间。

由营销转变为行销

华耐立家于1993年成立，这家企业在1995年就坚定了一个目标，要把华耐立家打造成中国家居流通业第一品牌。企业从1995年开始到2015年，花了整整20年的时间，从一个小店、一个小团队变成5000人的团队，从几百万元的规模变成了40亿元的规模。这家企业想成为第一，想挑战第一，做了整整20年。每天早上全国所有的华耐立家店面在开晨会的时候都要告诉自己的团队"我要成为第一名"！坚持了整整20年，他们真的变成了第一名。

在传统企业里，人们奉行同一个经营秘诀——"低关注度、高参与度"。你知道消费者在装修之前对这个行业关不关心吗？家居建材行业经过10年的发展只得到了三个字，那就是"经销商"。过去家居建材行业的品牌，如果想做好，不管是一线品牌、二线品牌还是三线品牌，只要有人挑选到优秀的经销商，就可以成为行业的领导品牌，所以大量的品牌都在寻找优秀的经销商，经销商变成了品牌突破的核心密码。基于低关注度、高参与度的结果，经销商的地位决定了品牌的地位。挑选的经销商能力强、实力棒，这个品牌即使是二线品牌，也可以成为当地的领导企业。在家居建材行业这种情况太多了，有无数品牌是通过挑选到优秀的经销商而崛起的。但是这种情况已经改变了，要打响品牌战，就得让消费者平时就关注你，熟知你的名字，这样你才会在无形之中增加很多机会。

想要成为第一名，必须有一条核心的路径，那就是学习，这是成长最快的捷径。传统企业喜欢说"酒香不怕巷子深"，坐在家里等客人，一直坐到死为止，现在这种情况要变一变了。今天的反应机制是由下而上的，理论化的营销变成了精确打击，精确定位之后就立即出手。要从过去"坐销"变成行销，行销就是主动出击。如何主动出击？很多商业理论来自军事理论，家居建材业要学习主动出击，使用"客户鱼池"；精准营销，就是精确打击能力。过去是火力、炮兵密集覆盖，过去是大生意，今天不是了。如何通过精准营销策略做客户转化，是营销理论的支撑点。超级行销系统要打造第一法则，实现业绩倍增，核心的路径就是通过客户鱼池和精准营销。

"N + 1=满意度"

近些年的家居建材市场鱼龙混杂，质量低劣、服务差及商家进行恶劣的价格战，使消费者的认知标准被打乱。以圣象木地板企业为龙头的家居建材企业，意识到必须建立行业的命运共同体，为推进行业的健康发展做出担当，开创发展的新模式。

2015年，圣象地板与生活家装饰强强联手，提出"绿色诚信联盟"携手共赢理念，同时提出了"N+1"的客户满意模式。所谓的N就是圣象的主辅材，而"1"就是生活家，"N+1=满意度"，通过多个主副产品，从每一个产品到一个完整的家，从60分做起，坚持与以健康品质为主的生活家共同打造百分之百完美的家。"绿色诚信联盟"是一次引领家居行业发展的自律行为，也是一次对行业、对消费者、对社会的公开承诺。保证所销售的每款家居产品都符合环保健康标准，保证产品质量，维护消费者合法权益。双方希望通过此次签约联盟，给中国家庭带来真正的健康家居产品。

2015年，圣象与大自然达成合作协议，决定共同打造良好的市场环境，积极为家居建材行业的发展和消费者的利益满足做出努力。随着双方在未来合作的深入化，将会对木地板行业有着颠覆性影响。

两家企业通过这样的合作，在发展的道路上取长补短，争取在产品、服务、工艺文化上寻求行业的突破。同时，在很大程度上形成了标杆的力量，带给其他企业以模范效应，可谓是开创了同行新模式，"大牌+大牌"得到的聚合力量更是远远超过各自为政的效应，让更多的品牌都结成"异业联盟"，从而壮大了行业的发展。

居然之家线上到线下有机融合

2015年，居然之家为适应产业升级与电商转型积极求变，进行内部组织结构调整，将集团信息中心、运营中心与电商公司进行合并，创建新的运营管理中心，同时推动集团数字化信息建设。

居然之家采用的线上推广模式不同于传统的O2O模式，为解决电商企业最为纠结的流量问题打造了"一体两翼"战略。即以用户为中心，以设计为驱动力，以线下实体店为体，O2O设计服务平台和O2O一体化销售平台为两翼，成为中国最大的线上线下一体化O2O家居服务平台，真正为用户提供"大家居"线上线下全渠道全价值链服务。

而这些改革也使得居然之家在行业疲软的情况下拥有了增长的动力。2015年，居然之家全国开店达125家，其自营家居建材超市实现销售额4.5亿元，成为北京第二大家居建材超市。

通过上述这种整合，企业引导实体零售企业逐步提高信息化水平,将线下物流、服务、体验等优势与线上商流、资金流、信息流融合,拓展智能化、网络化的全渠道布局,来培育线上线下融合发展的新型市场主体。O2O线上到线下的核心是把线上的消费者带到现实的商店中去,OAO是线下和线上有机融合,店网一体化资源互通、信息互联、相互增值,使其达到最佳的效果,满足大家的体验需求。

案例 积木易搭——云渲染满足个性需求

当今互联网对家居行业有两大影响:第一,消费群体的改变。"80后""90后"成为消费的主体,而其消费最大的特点,就是个性化定制以及生活在手机上。第二,市场的大转变。互联网化的房地产、互联网化的设计及互联网化的家装,成为家居销售的三大入口。这两大影响,也就意味着我们传统的家居从消费材质转型到今天的消费设计,也就是说,全民设计的时代已经来临。

那么,怎么才能满足消费者的需求呢?

成功的事,一定是最简单的事;

想成就自己,一定先成就他人!

积木易搭是致力于以技术驱动设计创新推动全民设计为目的的3D云设计产业平台。

积木易搭平台向所有的家居厂商和经销商提供了空间大师、配饰助手及云渲染。当然,这个平台不只限于这些产品，另外还有家居商开通线上网店，所有的产品都用3D形式展现，可以把线下实体店进行线上360度的全景展现。在这样一个平台上，产品被做成了一个3D全景的样板间，而且同时实现中英双语展现。这就意味着现在及以后所有的家居建材产品都可以销往海外。

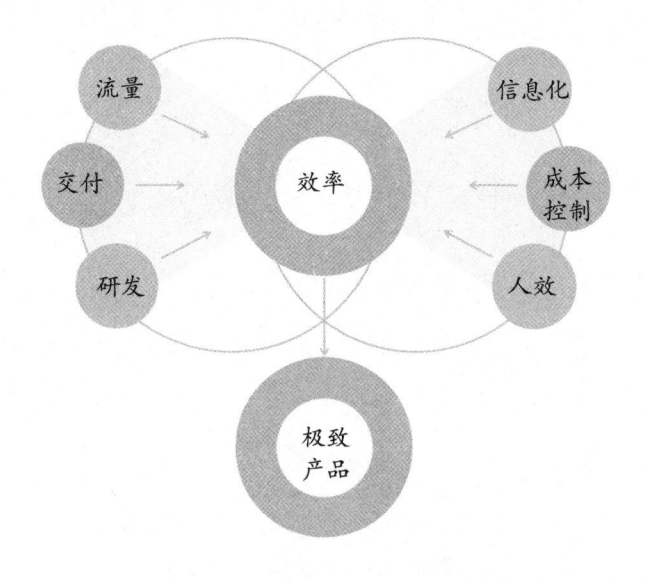

图 4-3　家居产品的云设计

　　云设计会使客户一同参与设计和体验，客户参与设计可以让企业了解客户的需求，打造客户满意的产品。

　　在 2015 年 12 月 15 号，积木易搭为了响应国家号召承办了以大众创新万众创业为宗旨的大赛，真正做到了全民参与、人人可为，这就意味着全民设计时代离我们越来越近。

　　积木易搭应该怎样面对一位需要做精装房的客户呢？

作为店长，会让业主带着设计师先把居住的空间都拍摄一遍，把一张张平面的照片瞬间转换为3D效果。而在3D的场景当中，设计师可以把需要的家具、软装配饰，放在3D空间里，让业主亲自参与选择他们喜欢的风格，这才能真正地做到个性化的定制。如果客户不满意，设计师可以不停地更换场景配饰，不需要任何成本，也只需要花少量的时间做到极致。不同的风格、款式和色彩，都可以轻轻松松地去完成设置。

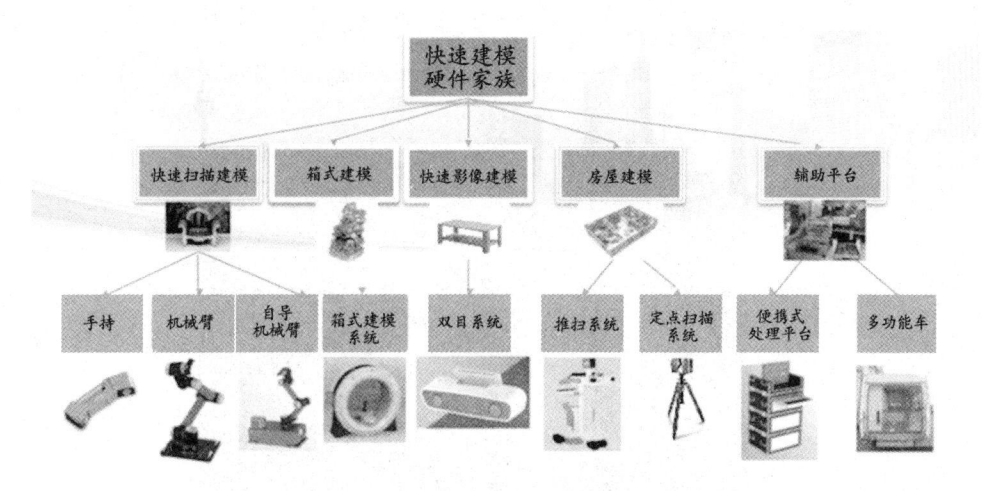

图 4-4　快速建模硬件家族

什么是积木？积木就是简单，而简单就代表着效率，而讲究效率，是可以改变一个时代的。什么是易搭？易搭就是任性，任性可以满足视觉的冲击，可以满足体验的需求。所以，积木易搭就是简单任性，符合这个时代消费群体的新需求。

积木易搭积极拥抱互联网，推动了互联网的转型，积木易搭有实力并且能够跨界整合家居建材市场以及设计师的资源。

案例 酷家乐的完美家装与"VR+"

2016年11月1日，阿里VR购物产品——Buy+正式上线，这一事件引发的焦点除了关注阿里本身的战略之外，VR这个曾经的"噱头"能否真正带来新的价值也备受关注。

图4-5 家装"所见即所得"

早在2016年初，作为中国最大的互联网家装设计平台酷家乐就已经开始实施"VR+"战略。酷家乐联合越来越多的家装品牌、平台，将VR技术深入应用到家装整条产业链，真正实现家装行业的"所见即所得"。

作为一家专注于技术研发的公司，酷家乐开发的基于云端的 3D 设计工具及超快渲染技术，使得生成一套 VR 方案的时间被压缩为几分钟，也让 VR 家装方案量产成为可能。通过这种方式，把 VR 做成行业标配，助力设计师、商家来吸引客户，以出色的效果和体验留住用户。

除了对外的强强联合与技术支持，酷家乐平台也已成为全国顶尖的 VR 家装内容生产商。有数据显示，酷家乐平台至今已经产生了近 800 万套家装设计方案，每套方案均可快速生成全景方案，并通过 VR 眼镜呈现。平台上，每天产生的 VR 家装设计方案近 10 万套，而且还在以几何倍数增长。

不过，VR+装修设计只是酷家乐 VR+战略中的一环。在这之前，酷家乐已深入布局 VR+房产领域，并与万科、房多多、客立方、房产销冠等达成合作。不仅如此，酷家乐还将在 VR+内容平台、VR+购物等方向进行布局。目前，酷家乐还和天猫等一线电商平台达成合作，加快 VR+购物的实现进程。未来，酷家乐依然会以家装领域为重点，打造 VR+装修设计，以设计作为入口，打造"VR+住"产业链。

酷家乐的目标是打造家装整体产业链的闭环。在酷家乐董事长黄晓煌看来，酷家乐"占领"的家装设计领域是家装领域的开端，而酷家乐平台本身具有很强的"撮合性"。酷家乐将力求打造家装整体产业链一体化，向构建模块化、信息化、标准化体系的方向发展。

PART 5

家居行业的O2O模式和OAO模式

那些成功的实体店都在做什么

在互联网+的冲击下，仍有很多零售店经营者认为消费者会回归线下，因此这些零售店不愿意转型，而是静待消费者回归线下的那一天。但事实上，这些零售店往往过得相当凄惨。

然而，尽管面对的是消费环境低迷、竞争日益加剧、商铺昂贵的租金、电子商务平台的冲击等，很多零售实体店依然活得很潇洒。它们有什么诀窍吗？它们都做了什么呢？

万达集团，首富也在积极转型

万达集团创立于1988年，涉及房地产、酒店、娱乐等多项产业。其下属产业万达百货在2007年成立，从成立的那天起就每天客流不断。

随着互联网的发展和移动互联网的诞生，很多消费者都走到了线上，但是万达百货依然在大范围地扩张、开新店。截至2015年6月，万达百货在北京、上海等地就已有九十多家实体店。

为什么在消费者纷纷走到线上的时候，万达却在积极扩张实体店呢？事实上，万达早在2013年就开始接入互联网，并且着手布局O2O模式。

2013年12月，万达创建了电商平台万汇网，2014年2月，万达百货又与美团网合作，在众多实体店中推出特惠团购活动，以满足消费者各方面的需求。

2014年9月，万达百货联合腾讯投资50亿元打造万达电商平台，并且万达广场等实体产业开始布局O2O。2015年3月，历经7个月之久，腾讯和万达（腾百万）联手打造的飞凡网正式上线，这是集餐饮、百货、电影票、秀场、金融等于一体的电商平台。

2015年6月，万达百货又联手滴滴、快钱、大众点评等推出线下活动。2015年9月，万达与苏宁云商跨界合作，在四十多个项目中达成协议，联手布局O2O。

此外，大连万达影城也在微信上搭建了微信公众平台，为微信用户提供更多的线上操作，如一键购票、影城活动和服务信息。

万达百货的这一系列布局，都没有离开互联网。没错，如果不能与互联网业界合作，万达百货再怎么扩张也难以成功。正是与互联网企业的跨界合作，才让万达百货在零售业中占据了龙头地位。

大商集团，互联网接入很重要

大商集团成立于1995年，百货、超市、电器这三大连锁产业是其主力业态。大商百货包括麦凯乐高档百货、新玛特综合购物中心、千盛时尚、流行百货等。大商电器则是继国美、苏宁之后崛起的另一个跨区域性的电器连锁公司，主要依托大商百货连锁来经营高档电器。

三大连锁产业为大商集团带来了源源不断的利润。但是在互联网的冲击下，大商集团也没有故步自封，而是开始积极接入互联网。

2009年，大商网正式诞生，2014年11月，大商集团电商平台天狗网正式上线，并且定位为移动电商平台，为用户提供线下超市、百货等交互消费渠道。在天狗网App中，用户可以购买大商集团的任何百货商品。

2014年12月，大商集团与中国银联达成协议，在实体店、移动端等支付方面达成合作，为消费者提供更便利的支付方式。2015年9月，大商集团上线跨境全球购功能，实施O2O线下体验店模式。

搞好零售，先要读懂消费者的心理

古人云："攻心为上，攻城为下；心战为上，兵战为下。"意思就是最高的兵法在于谋略，打心理战。事实上，对任何形式的营销来说，关键在于攻心。这里所谓的"攻心"就是要读懂消费者的心理。

从品牌、定位到差异化，从定价、促销到整合营销，任何企业的销售活动，其实都是针对消费者的心理而采取的行动。尤其是在互联网时代，消费者的需求更是多种多样并具有个性化的，因此对消费者心理的把握与迎合，更能吸引消费者，最终达成产品的销售。在遇到互联网大趋势时，零售企业更要读懂消费者的心理，依据消费者的心理展开营销战术。

消费者不再只贪图便宜

如今的消费者与以往不同。网购刚兴起时，很多网友购买产品就是图便宜。在淘宝上，可以找到很多"山寨版"产品，这些产品外表看似与真品无异，但价格便宜很多。于是一些消费者会图便宜选择购买，但是产品购买到手之后，消费者却发现"一分价钱一分货"，或者更直接来说就是"便宜没好货"。有些产品看上去很美，但使用起来并不让人满意。于是退款、退货的产品数量增加，售后服务也开始出现紧张气氛。

实际上在实体店中也是如此，很多人也是贪图便宜以价格作为唯一的考量标准。但是随着网购时间拉长，以及消费者消费能力的提高，消费者在进行消费时，不再贪图便宜，而更多地选择理性消费。

货比三家是消费者不贪图便宜心理的一大表现。无论是在实体零售店还是在网店购物，消费者都会选择货比三家。通过对比选择之后再进行消费，而并非一时头脑发热贪图便宜而盲目购买。

此外，消费者在购买产品时，还会观看评论，仔细询问。从评论中可以参考其他消费者对产品的反馈，俗话说"群众的眼睛是雪亮的"。

面对这种情况，企业需要做什么呢？企业首先需要提高产品质量，给用户好的产品。优质的产品向来是企业成功的一大保障。只有这样才能让用户感觉到"货真价实"，得到市场认可，树立企业良好的形象。其次，企业还应该做好产品宣传，让好的口碑散播出去，以获得更多的人气和好的评论，这样才会有更好的销量。零售店也是如此，更应该注重口碑和产品，这样才能获得消费者的认可与信任。

消费者更注重产品内涵

小米在这方面做得就很好。当智能手机逐渐普及时，很多手机因为各种问题"死"在了迎合消费者的路上。而小米则以一种"为发烧友而生"的精神内涵俘获了大量年轻用户的心。因为在这些粉丝心目中，买小米手机，买到的不仅是一部手机，更是一种贴合他们内心的精神，买到的是一种共鸣、一种激情。

在零售店的营销过程中也应该如此，要把握好消费者注重产品内涵的心理，给自己的产品冠以一些精神内涵，给产品打造一个唯美的故事，给产品塑造一个形象……这样才可以真正把握住消费者。

了解消费者的消费习惯和生活习惯

不知道从什么时候开始，人们的生活与互联网变得密不可分。尤其是随着移动互联网和智能手机的逐渐普及，我们的生活更是与移动互联网息息相关。我们只需用指尖轻轻点触，就能随时随地获取想要的信息，获得更多服务和产品。我们的生活正在被移动互联网改变着，在这种情况下，零售企业如果不抓住消费者的消费和生活习惯，就会被市场淘汰。

O2O：家居行业开辟第二战场的必经之路

随着"互联网+"的不断发展，科技的不断更新，消费者的消费能力不断提高，家具行业随之也进行着变革。在这个发展过程中，我们能逐步了解家具行业发展变革的方向，进而结合企业自身的情况及时做出战略调整。

对许多家居建材企业来说，电商转型的趋势在于企业能否利用O2O模式进行转型升级，让消费者通过电商很容易搜索到各类合适的产品。所以，传统专卖店的功能一定要进行变革，转型升级。

在互联网时代，O2O的表现比较突出，它把传统企业不能解决的问题串联起来了，比如线上线下虚实融合的消费流程优化问题、产品的海量展示及快捷支付等有关用户体验的各种问题。

精细化品牌时代来临

家居行业目前的品牌管理还是传统的模式，未来的管理必定是精细化的，在这个过程中会逐渐淘汰掉一大批传统的品牌而迎来新的机遇。现在的家居品牌大多以共性为主、个性为辅，在品牌管理方面不够成熟，企业对市场缺乏足够的了解。然而，只有企业的自身实力足够强大，才可以实行多品牌战略。

家居行业的复杂性和消费群体的区域性、差异性，决定了这一行业不会出现一只"独角兽"，但可能会出现多只"独角兽"，产生一些全国顶尖品牌，这必将会加速互联网行业的发展，从而迎来品牌精细化的大发展。

复合型流通渠道将继续存在

我认为，复合型流通渠道与传统消费市场会在很长一段时间内并存。但随着互联网的快速发展，传统渠道会随之发生变革。现实中各商家竞争依然很激烈，价格战必然会持续，众多经销商的利润空间被压缩到最低，从而加速了本行业的快速洗牌。

整体定制家居是发展方向

我们只有细分各个领域深耕细作，利用科技信息化手段打造自己的平台，才能求得更好的发展。例如，以施工为切入点、为基础，每个人做好其中的一个点。目前"整装定制家居"呈现出了非常旺盛的需求，在木门、衣柜等领域定制需求更高一些。家装公司会给消费者提出多套方案以满足消费者的个性化定制需求，进而形成规模化定制，推动实现规模化的生产。因此，个性化在目前的市场环境下还是比较容易实现的。

市场上升趋势明显

家居行业的囤货行为是普遍存在的现象，导致的结果就是好的产品卖不出去，无法迅速回笼资金，只能搞降价促销。然而，市场依然表现出了回暖上升的趋势。一方面是需求的增加，国家正在加速城镇化的进程；另一方面是各个企业也发布相应的措施，来应对涨价和降价的风波。

未来的家居市场，会集中向互联网、电商、整体定制、品牌效应等方向发展，这就需要我们更加精准地定位。而在销售经营方面，品牌推广依旧要着力于适应市场的需求。

随着移动互联网技术的不断成熟，O2O已经成了一种极其具有竞争优势的新的商业零售模式。同样，它给家居行业的发展带来了新的良机。在2016年"天猫双11"活动期间，家居市场中的门窗行业就从线下走到了线上，改变了原有的店面销售模式，并取得了一定的成效。现如今，已经有越来越多的家居企业与移动互联网发生了联系，开启了属于自己的O2O模式。那么，在目前的形势下，家居市场如何通过O2O这一模式，再造昔日的辉煌呢？根据目前市场的形势以及其他行业的相关经验，可以得出这样的一个结论：家居行业要打破当下所面临的市场困局，建立起属于自己的O2O模式，必须经历三个阶段，也就是业界总结出来的"家居零售O2O三部曲"，即线上线下初步整合期、短命的爆发期与安装革命期。

零售业的进化:"人、货、场"

零售业的未来会是什么样的?当下的电商巨头以及零售业的龙头都有着自己的想法,追根究底,还得从能决定消费的地方思考。未来的消费将是无限的、多元化的个性体现,会衍生出无限大的小众化的市场,需求的"长尾"会被无限拉长。

现在目标客户都是要精准到每一个消费者而非整体的,在新零售发展中要达到个性化的释放,从而进入新的消费时代。

新零售的三个要素"人、货、场"因此将会被重新建构甚至被完全颠覆。

图 5-1 新零售下的"人、货、场"

消费场景革命

现在的百货公司、大型购物中心、各种便利店,以及网上商店和各种移动设备、终端智能、VR设备都将成为以后消费的最佳场景。

未来,将消费者数据进行线上与线下的连接,消费数据也将被上传至云端,实现深度的融合。消费者将不会受到各种限制,商品也不会受到种类和数量的限制,消费体验将得到更多的释放,交易方式也不会受到制约。

消费者克隆

未来的零售业不会仅限于满足消费,而是一个从创造消费到复制消费的过程。对卖家来说,以后用户不再是一个个消费者而会变成一个个数字化的集合体,会对消费者进行全息画像,甚至挖掘出更多内心隐藏的信息。

未来,生产与销售将会实现一体化,大数据可以为用户提供其内心渴望的私人定制化体验,商品都是数据赋能的超级IP,在被生产的同时就已经创造了消费者,并通过价值传递的零售渠道,持续激发出新的消费欲,从而克隆出了一个个真实的消费者。

市场将基于数字经济的统一市场,传统的商业模式将会被打破。对普通消费者而言,通过主动或被动提供个人全方位的数据信息,即可在不同的超链接端口进行体验并为体验评分,同时为体验埋单:谁最懂我,谁最能给我惊喜,我就认同谁,就是谁的粉丝。数据将为以后的零售业赋能更为消费赋能，零售企业的核心竞争力就是数据算法。

消费产品IP化

未来将会形成"IP+用户+商品"的社会化链接，打造以"用户"为中心的商业模式，实现产品IP化。用户消费不再满足于获取产品的使用价值，还要获取情感体验。

"人找商品"式的消费将变为"商品找人"的发展模式，因为IP会赋予商品更多的价值内涵，聚集在IP背后的用户群体将具有共同的价值认知，而用户在没有接触这个IP之前不会产生购买欲望，这种激发会促使用户转化率、购买频次、客单价的提升。

例如水果这么多，为何消费者偏要吃橙子，还要吃褚橙？它又不是包治百病的灵丹妙药。橙子就是橙子，纯天然、没有污染的橙子多了去了，甜的更多，但褚橙的不同在于，这是褚时健种的橙子！

当消费者拿起一个褚橙，能够想象出这位八十多岁的老人身居山林，在果园挥汗如雨、坚韧不拔的感人画面。所以，消费者吃的不是褚橙，而是褚时健积极向上的精神。此时，褚橙就被IP化了。哪怕是以前不爱吃橙子的人，内在的消费需求也会被逐渐创造出来，产品也因此有了更高的附加值。

C2B模式：电商销售最为独特的商业模式

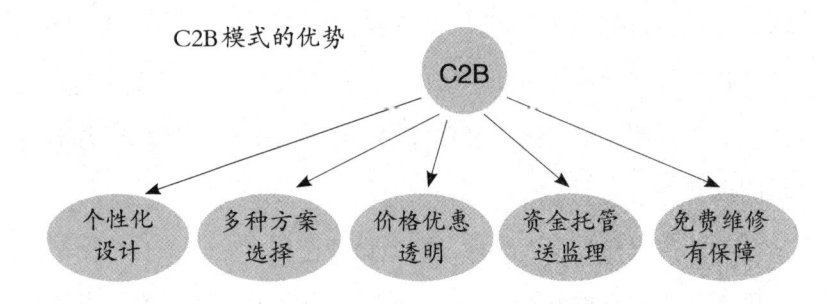

图 5-2　C2B互联网家装模式（消费者对企业）

新商业模式下C2B时代的来临

移动互联网最大的贡献是把千万个消费者变得个性鲜明，使得消费的主导权逐步向买家倾斜，给传统逻辑模式带来了不一样的玩法，也迫使其改变销售理念。

C2B模式有定制化、个性化和用户定价这三大特点，微价商城的C2B用户定价模式在现在看来是有颠覆性及前瞻性的。C2B的核心区别就在于由消费者驱动，以消费者的需求为起点，在商业链条上进行波浪式、倒逼式传导，最终形成新的商业模式，这是互联网商业模式的革命性创新。

今天的电子商务市场，多平台、多模式、多领域是最具有特点的表现形式。马云带领的阿里巴巴集B2C、C2C于一身，依旧作为行业先锋来引领电子商务的发展；刘强东带领的京东以自营为主，以自建物流为核心，进行线上线下的立体全方位扩张；而更多的玩家则表现在各个领域、各个模式中垂直深耕，希望能够探索出未来电商的新道路。

C2B模式最具代表性的三家企业：小米、阿里巴巴和微价商城。小米采取了"饥饿营销"模式，积极掌握用户的需求，形成预售供应链；阿里巴巴推出了定制产品平台"聚定制"，以此来满足用户个性化的需求。微价商城作为C2B的开创者，则以用户定价和社交电商的模式，带来商业权威的下移和用户定价的时代。

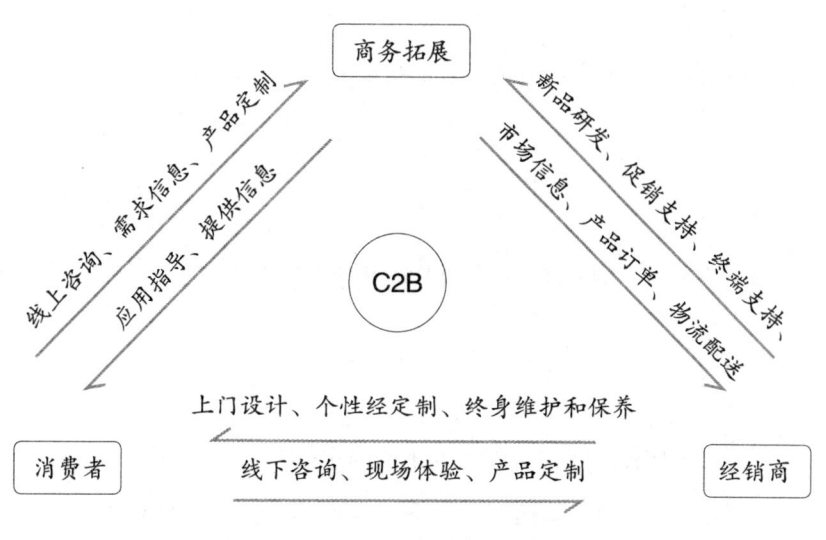

图 5-3　新商业模式下的C2B

这个购物模式对传统行业是个突破，消费过程和体验过程都被包装成了社交体，用满是趣味的玩法吸引大量的消费者，并将消费者快速有效地结合在了一起，从而开启了社交购物的新时代。

新的购物模式使市场表现出了与以往不同的消费体验，并且带来了意想不到的回报，从市场消费者到投资者都肯定了用户定价的C2B模式。

用户定价模式代表了对传统销售理念上的变革。"用户定价C2B模式"也遭遇难题，那就是消费者购买到的商品价格远远低于市场同类价格，这就让先行者面临更大的成本压力。同时，用户定价模式在颠覆传统定价模式的过程中也遭遇与上游供应商博弈的难题。可以说，全面的用户定价模式还是更多地存在于理想当中，但我们还是希望看到"互联网+新零售"的变革，同时能给消费者带来更多的好处。

可以确信的是，越来越透明的互联网消费环境中，用户定价C2B模式终将会引领未来消费的发展方向。

OAO：家居行业发展新趋势

中国家居行业经过几十年的高速增长后进入换挡期，也将从高速发展向中低速发展转变，并面临重要的转型升级。接下来它会呈现出哪些变革趋势呢？纵观近年来家居行业的发展趋势，有业内专业人士将其总结为以下几点。

市场格局重新定位，行业洗牌将成为常态

从发展趋势整体下降来看，整个行业面临的将是来自市场更多的不确定性和未来变化的不可预见性，行业的整合已不可避免。这就需要建材企业研究用户的真正需求、产品的升级，扩宽横向发展渠道，打造真正意义上的信息透明数据技术时代。

行业迎来上市潮，继续抢滩资本市场

资本运作今已经成为企业做大做强的一种手段，家居行业也不例外。在2017年2月，红星美凯龙宣布重回A股计划，并在5月发布首次公开发行股票招股说明书。目前，已经有二十多个家居企业公布招股说明书，正在冲击IPO。越来越多的家居建材企业在为上市努力。

上游搅局，波及下游市场

"一站式服务""全屋定制"已经成为家居市场的一种常见销售模式。在此影响下，一些家居龙头企业也实施了"大家居"战略，开始拓展产品线。比如，以橱柜起家的欧派拓展地板、床垫、木门等家居品类，搅动了家居行业。这也意味着，上游的搅局，势必波及下游，无形之中抢了别人的"饭碗"。

从做产品转向做品牌

如今的市场竞争已经从区域、类别和局部上升为品牌之间的立体战。强化和加快品牌建设，建立品牌内涵，实现更高效的系统化品牌工程成为企业必走之路。品牌层面的竞争将会加强，品牌的战略性也得到进一步提升。没有品牌基础的中小企业将面临淘汰，以品牌为中心的集团将陆续出现。

驱动转换，用服务驱动销售

随着互联网线下服务的需求加大，将会有越来越多的企业重视服务的导入，用服务驱动产品的销售。经销商体系向服务商体系转变，成了移动互联网时代企业的必经之路。家居企业要想获胜，就必须改变驱动模式，即从传统的产品驱动服务模式，彻底转换为服务驱动产品的销售模式。

越来越注重环保

绿色设计、绿色施工、绿色选材等绿色产业链是可持续发展的必由之路，也是消费者选择产品的重要考虑因素。

"全屋家装"渐成行业新宠

对家居行业而言，定制与整体家居是一种有卖点的产业升级，企业也由单纯原材料供应商向整体改变，提供更为完善的解决方案，行业升级已经开始。

家居企业积极"触网"，打造新生态

在激烈竞争的大趋势之下，企业之间的相互合作在加强，品牌联盟、联合促销、厂家与连锁卖场合作等形式层出不穷，竞合趋势明显。如2016年3月19日，互联网家装品牌悦装网发布生态战略，致力打造泛家庭生态聚合平台；6月20日，百度糯米携手齐家网，上线居家频道，构建互联网家装O2O生态闭环；7月，塞纳春天发布"海陆空生态系统"，打造一个循环、开放、共享的商业生态系统。

智能家居备受关注

在 2016 年国际消费类电子产品展览会上,众多企业纷纷推出智能家居产品,如单品化智能插座、智能烤箱、智能吊扇以及智能家居系列套装。尽管不少企业纷纷发力智能家居,希望实现家电产品物联网化,但也有业内专家认为,各大厂商基于自身的智能家居平台,反映了行业标准未统一的现状。

简约、实用、高品质将成为未来家居建材消费的流行趋势

在家居产品设计上,更趋于简约、实用的特点,突出回归自然的风格,简约、实用、高品质将成为未来家居消费的流行趋势。

行业程序化营销呈爆发式增长

根据第三方研究机构易观智库的报告显示,2014 年中国程序化购买市场的规模达到了 52 亿元,年增长率高达 141%。

营销模式多样化

家居行业的营销模式将从产品、服务向数字化、移动互联化方向发展,传播模式也将由传统媒体向新媒体转化,多平台整合运营。

家居电子商务发展迅速,成为销售的重要渠道

在互联网的影响下,O2O 成为舆论的焦点,为家居行业带来新的发展思路。除了销售服务平台之外,还包括新的品牌营销方式,如"线上销售+线下服务""社区沟通+电商销售"。但总体而言家居行业的互联网化、电商化进程与其他行业相比还有差距。

人工智能的交互

人工智能作为下一个入口级平台已成功登陆智能家居市场。在经历了"伪需求""体验冗余""入口误区"之后，有望迈向更加成熟的形态，未来机会与挑战并存，新品牌则更值得期许。

3D技术兴起，提前体验效果

家居行业在技术上融合了最新的体验技术，如3D技术、VR体验，以此来增强客户的体验度，让客户提前感受到家装的效果，促使客户签单，VR技术也被称为"签单神器"。但是VR技术依然有很多缺陷，家居行业的VR技术依然有很大的发展空间。

例如，尚品宅配凭借着IT业的基因以及制造业的创新，开创了传统家居行业与"互联网+"的新模式、新动态，满足于少数人的定制需求之外，为大多数人的生活带来新的体验。

尚品宅配探索出了以传统制造业与互联网信息技术的深度融合的新商业模式。而随着个性化定制需求不断增加，尚品宅配基于互联网和大数据的"C2B＋OAO"商业模式，为其创造了可持续发展的竞争优势，并由此来实现商业模式的核心价值。

案 例 三棵树"我要装到底"，马上住新家

移动互联网技术的不断发展与成熟对原有商业模式带

来了巨大的冲击，许多企业开始与这一新兴技术结合起来，打造了属于自己的商业模式。三棵树就是这样的一家公司，该公司在"517健康漆节"上，首次提出了"我要装到底"的概念。

所谓"我要装到底"，是由"健康+"产品一站式及"马上住"涂装一体化组成的概念。消费者只需线上预约，客服人员马上安排人员到现场量身定制施工方案，装修面积、价格事先定好，多出来的部分由三棵树免费粉刷。他们使用专业遮蔽保护材料来保护家具和地板，缩短施工时间，微信还可以随时查看装修进度，让消费者可以快速住进新家。施工结束后，公司还提供免费一年质保服务，让消费者放心无忧。每一个环节都由三棵树直接参与，省去了用户再与第三方装修、材料公司沟通的麻烦，这也是公司推广的服务亮点。

三棵树提出的这一概念，将线上和线下完美地结合起来，不仅有效降低了传统家居行业的销售成本，提高了产业效率，还通过互联网带动了销售，可谓双赢。如今，三棵树的服务范围涵盖全国多省，在全球有了近两万个网点。它的这种基于O2O模式的一站式配套服务，将会在未来引领中国传统家居企业在电商平台品牌自营领域的潮流。

案 例　宜家的O2O经营模式

　　宜家是一家瑞典企业，它的经营模式和理念是非常超前的。宜家采用全球化、O2O采购和经营模式，经过几十年的发展，截至2017年8月在全球29个国家和地区拥有商场，是全球最大的家具用品商家。那么，宜家为什么在这几十年里经营得越来越好？宜家O2O经营模式的成功秘诀是什么？

　　宜家的O2O实践非常成功。截至2016年8月31日的一整个财年，宜家全球销售同比增长了11.2%。这给中国线下实体店的经营者带来了一阵春风，也给中国的同行带来了更多思考。在传统商家备受电商冲击的今天，宜家为什么仍能如此成功？

　　瑞典的互联网科技发展较早，很早就建立了强大的自媒体矩阵，包括信息完善、颇具吸引力的官方网站，还有可以看产品、看信息、看库存以及生成购物清单的App和网站。这一切目标，都是通过产品与互动，来为宜家塑造"为大众创造美好生活"的品牌定位。消费者可以快速搜索到自己想要的东西，但是想要购买，就必须去宜家商场，通过各种信息指引，轻松找到自己想要的东西。

　　尽管宜家的信息网站建设得非常完善，却只进行展示和宣传，而没有交易系统。也就是说，你只能在网站上看产品，却不能在网上购买任何一件产品回家。这是为什么呢？其实，宜家如果开展网络销售，等于是把自己的品牌优势拱手出让，会让消费者更多地关注价格和功能。因为当你发现宜家的产品可以在网络上购买的时候，肯定会"顺便"到其他家居网站上看看，结果一眼就看到居然有中国品牌的家居，款式与宜家相似，价格却只有一半，难道不会心动吗？

况且，线下的实体体验和线上的虚拟体验，差别太大了。当大量的宜家粉丝选择网上购买后，线下门店的体验者便会减少。在这些消费者中间，肯定有一大批人不再去宜家商场感受购物体验了。安排一定的、适当的品类在线上销售能带来明显的销量增长，但这永远不会成为宜家的主流，因为家居建材产品讲究体验，最大的舞台还是在线下店铺里。

宜家商场的面积很大，布局也做得很好，从首层到顶层，不用走回头路，就可以把商场全部逛完。宜家每年都有超过3000款新产品，如果你上一次逛宜家是3个月以前，现在去逛又会有不同的惊喜。各种门类的产品，充分体现简约、环保、超值的特点。绝大部分家居产品是支持消费者自己进行简单拼装的，这充分满足了个人"定制"家居的欲望。

同时，宜家的"会员俱乐部"发挥了巨大作用。

为了提高用户忠诚度，宜家很早就开始经营"会员制度"。目录册和会员店是宜家最经典的两个营销方法，宜家至今已经发行了 1.6 亿册目录册，这可能是全球发行量最大的出版物了。宜家的所有营销活动都是围绕会员进行的，会员在宜家会获得大量优惠和各种优待，这让宜家的会员有很强的被尊崇感。经宜家统计，每一单商品的购买量，会员通常比非会员多 30%。

宜家还设置了会员店，这其实是一个店中店，专门提供一些"会员价"的产品，主要是一些旅行包、沐浴乳、浴袍等非家居装饰类产品。每次在冬夏季推行大减价时，通常在此前两三天便让会员提前来购买。会员的积极购买甚至使许多商品在大减价正式开始之前便售罄。

在互联网的冲击下，宜家不仅活了下来，还活得有滋有味，这至少可以说明两个问题：第一，实体店模式不会轻易死掉，只要方法得当，一样可以做大做强；第二，网店虽然方便，但不代表它拥有实体店的所有优点。

PART 6

让商业的重心回归到人

如何在门店内留住消费者的脚步

近几年,许多线下实体门店和电商相互"掐架",竞争越发白热化,这让很多投资者怀疑:线下实体门店究竟有没有价值?投资者也开始认真地思考:线下实体门店和电商究竟应该何去何从?如何抉择?是选线上还是选线下,或者线上线下都经营?

其实,线上肯定是必须做的,而线下也没有必要感到害怕。但还是有投资者会感到害怕,他们一想到线上、O2O就感觉没法做下去了,晚上更是愁到睡不着觉。形势有这么严重吗?其实并没有,因为线下实体门店存在的一些潜藏的价值——服务、体验、价值、信任和保障,这是线上无法体验到的。

附加服务必不可少

如今,无论经营什么样品类的产品,都少不了和电商有一定接触。那么,电商到底好不好呢?

电商服务在消费者的印象中仅仅是送货快、购买便利,而且没有其他的附加价值服务。而线下在服务这方面却存在很多有待挖掘的空间，线下门店可以通过与消费者直接的深度接触，准确把握住消费者的每一点需求，为每一位消费者私人定制个性化的服务，令消费者体验到更优质化的服务感知。而线上的产品模式过于标准化，所以在服务方面，能改善的空间十分有限。

体验营销证明自己

对消费者来说，整个购买过程中的体验是非常重要的。在线上的体验主要侧重两点：速度快、购买便捷。但我们退一步来想，家居行业本身就不具备能够快速成交的特性，从进店到收钱5分钟搞定简直就是天方夜谭。

我曾经试过买一件西装，从进去到出来5分钟就可以搞定了，但是你见过谁家买瓷砖、门窗、壁纸、沙发等家居，从进去到出来5分钟就搞定的吗？基本上都需要交谈两次以上才能成交，有的甚至要交谈更久、更多次。我曾经见过一个导购和一个顾客持续协商了18个月，也就是相当于一年半的时间才成交，因为顾客最初来看沙发的时候，房子还没建好，顾客在还没有交钥匙的时候就开始寻找合适的沙发了，交完钥匙后继续看，房子装修时再看，这样一来买张沙发历时18个月。这中间如果有任何一个环节服务不好，或者顾客体验不好，就不能成交。然而，你见过哪家电商盯一个顾客这么久吗？

况且，家居行业的产品本身就比较"重"，需要进行深度的交流与沟通，了解之后顾客才会做出购买的决定。比如床垫，价格稍微高一点的，顾客都有想躺在产品上体验一下的诉求，购买家具一般也会想看一下实物并进行体验，仅凭这一点，就和我们买标准化的线上产品的行为有着很大的区别。所以，体验是线下实体店一个非常重要的功能，这一点非常重要。

不断创造额外价值

单看"价值"这两个字，大家可能会觉得有点蒙，如果我再给它加上"创造"这两个字，也就是"创造价值"，你或许就明白了。基本上，电商给顾客带来的更多的是便捷，但不会给顾客创造额外的价值，而线下实体店可以创造价值。

比如你去买家具、瓷砖、卫浴、门窗等家居产品，终端店面的销售人员在这方面有非常多的经验积累，并拥有丰富的产品专业知识。他们能够举一反三，能够在顾客想要的产品之外进行更好、更优质的搭配，从而帮助顾客做出最好的选择，或者提供一个更好的购买方案。即使顾客不购买自己家的产品而选择了别家的产品，他们依然能够为其提供很多专业的、建设性的意见和建议，这就是创造价值。对于电商而言，要做到这点确实是不容易的，至少目前看来很难。所以"创造价值"这一点只有线下的店面能够做到，而且是线下足够优秀的店面才能做到。

获得顾客的基本信任

大多数中国人相信眼见为实。所有电商销售的东西，可能一点鼠标，马上就成交了，可是到了大宗产品交易时，顾客内心就会犯嘀咕：万一我付了钱，这个人跑了怎么办？万一我有售后服务的需要，找不到他又该怎么办？

没有信任，就没有成交，也必然不会有买卖。

我们在网上买东西本身也是存在信任的，但是对于家居产品品类来说，由于其产品本身比较"重"，对服务要求比较高，所以对商家与顾客之间的信任程度的要求会更高。因此，买卖家居就需要有"彼此更加信任"这个前提。

为顾客免除后患

经营家居产品的人都知道，顾客在即将成交或已经成交之后会更多地考虑服务，此时，保障就显得尤为重要。这个行业本身就是一个低关注度的行业，标准化程度、透明程度都比较低，顾客对产品、服务等相关事宜懂得比较少。线下店面最大的保障在于：顾客在你这里买东西，认得你的人，认得你的店，万一购买的产品出问题，就能找到店里寻求解决方法。因此，对顾客这种心理的保障是线下店面一个非常重要的功能。

服务、体验、价值、信任、保障，这五点是很多线下店面优于线上渠道的原因。这当然不是说线上渠道不好，问题的关键是家居行业本身的特点就是非常"重"。

做好细节才能留住人心

这里所说的细节要求是指店铺"干净、整洁"，很多经营者认为，这两点是能够轻松搞定的。

这两点简单吗？简单，因为这是对所有店面环境的最低要求，可是这也是最高要求。比如，一个店面装修得很好，但是卫生不太好，细节做不到位，那么，顾客就不会觉得这是个高端、大气、上档次的大品牌。

至于整洁，一般而言，硬装很容易做到，但是软性的、细化的东西想要做好不太容易。例如，当一个风格完全不搭的床头和很多装饰品摆放在床上的时候，床品、床垫的优点就显现不出来了，看起来不够整洁，布置得非常零乱，即使是价植一万多元的实木大床也显不出档次，很难激发顾客的购买欲望。

很多店在刚装修的时候做了非常漂亮的灯箱、门头、样品，可是时间长了之后，老板基本上每天考虑的就只有一件事情，那就是"卖货、成交"。门头破了没人修，灯箱坏了没人换，宣传资料陈旧。很多店面"十一促销活动"的广告，到11月的时候，依然没有撤，因为老板觉得有总比没有好。很多店的样品也存在一定程度的破损，因为老板总是觉得差不多能看就行，所以没有进行修补或更换。这些都影响着顾客进店，甚至影响最终的成交。

大部分经销商对于稍有残损就换新样品的态度是有一点抵触的，认为样品还能用、还能看，为什么要花几千元换一个样品甚至换一批样品呢？比如，床、衣柜、门窗等大型家具，一件样品至少值一两千元，很多人觉得可以凑合着用、凑合着看，不仔细看是发现不了问题的。可是，如果顾客仔细怎么办呢？顾客极有可能因为一个样品而放弃了床、衣柜、橱柜，甚至放弃了洗漱台。岂不是得不偿失？

寻找适合做销售的员工

什么样的人适合做销售？虽然一个店面需要招聘各种岗位的人才，但是不可否认，最难招也是最重要的一类人才无疑就是销售人员，因为需要他们既能够带兵，也能在最前方冲锋陷阵。

究竟什么样的人适合做销售呢？很多人的答案是"能说会道的""脸皮比城墙厚的"，或者"要有经验的，做过销售的"。当然，一般情况下，大家都是结合自己的亲身经历与过往选人、看人的经验来得出结论的，可是到底是不是如大家所说的那样，销售人员一定要口若悬河呢？答案是未必！

亲和力

一个优秀的销售人员必须具备很好的亲和力。所谓亲和力是一种感觉，一种看见一个人就想和他说话、莫名其妙地想和亲近他的感觉。大多数人应该有过这种体验，有些人我们一看见就不想开口和他讲话，为什么？因为他没有亲和力！

生活中，每个人多多少少会凭感觉判断一个人是好人还是坏人，即使你和对方从未接触过，从没说过一句话。试想一下，如果你招的销售人员，即使不至于"一看就不像好人"，但是如果顾客一看他就不舒服，不想跟他讲话，结果也是可想而知的。作为一个销售人员，顾客不愿意跟他讲话，他能干好销售吗？所以，必须强调，招聘销售人员的第一标准，也是最重要的标准就是要有非常好的亲和力。

"良好的开端等于成功的一半。"刚进店的顾客，对销售人员是又爱又恨。一方面他们对行业和产品不了解，在装房子、买家具时他们注定需要销售人员的讲解和帮助；另一方面，买卖双方在心理上有天然的敌对情绪，顾客担心上当受骗，自然对销售人员提防有加。作为一个销售人员，即使你掌握的产品知识不够扎实，销售技能不佳，后续对顾客的服务也不够周到，但只要你有好的亲和力，就能在很大程度上打消顾客的疑虑与戒备，让顾客愿意跟你沟通，这就能很好地推进销售。这样的销售人员，销售业绩自然不会差。

理解力

有人曾经说过："家居建材行业的销售人员一定要经得起折腾。"为什么？因为不管是日常接待顾客还是做市场拓展，都需要销售人员具备多项技能。我们需要面对各种各样的客户，和客户聊一次、两次、三次也不一定能成交，在这个过程中如果销售人员的知识储备不足、掌握的技巧不够，绝对是经不起"折腾"的。

有些经销商可能会说，我招个有经验的销售人员就可以了。但是有经验本身就是一把双刃剑。经验丰富自然上手快，但同时制约了他后续的发展和学习——很容易因为经验而

"先入为主"。

如果员工具备很好的理解能力就不一样了。无论是让他学习产品知识、了解企业文化、掌握销售知识和技巧还是让他学习消费心理、软装、搭配的知识，只要他具备好的理解能力，就能在学习知识和技巧时游刃有余。

所以，好的理解能力代表其有快速学习的能力，并且更能理解顾客的需求和消费心理，把销售做好自然不在话下。

企图心

一般经销商在理解员工"企图心"时，往往和"钱"脱不了关系，这种理解不能说错，但也不全对。对一个员工来说，企图心不仅仅代表追求金钱，还包括对结果和目标的追求、对最终胜利成交的渴望。如果员工仅仅是为了钱，他极有可能为达目的而不择手段，这样的员工万万要不得。同样，过于清心寡欲的人也不适合做销售。

上文提到过，做家居建材行业的销售人员一定要经得起"折腾"。一个顾客跟踪下来，半年、一年都是常有的事。一次不成交，两次不成交，三次依然不成交，他也不急不恼。例如为了让客户购买沙发，曾有销售人员跟踪顾客18个月才最终成交。如此漫长的过程，如果这个销售人员不具备企图心，别说一年半，我估计一个月能坚持下来都不确定。更何况在家居建材行业，需要一个月跟踪周期的顾客一抓一大把，所以销售人员只有依靠强烈的企图心才能坚持下去。

自信心

家居建材行业对导购的要求是比较高的，因为不是跟顾客接触一两次就能轻易成交的。成交的过程漫长很正常，销售人员切忌沮丧，总是不开心——我们不能以消极的状态接待下一个顾客。所以，这个行业优秀的销售人员必须具备非常强的自我建设能力：这个顾客没成交，没关系，调整好状态，用饱满的热情接待下一个顾客。自信，能让一个人有很好的自我修复能力，快速进行自我调整，不浪费任何一个成交的机会。

总之，如果一个人有很好的亲和力，其他方面稍微差一点也是可以接受的，但一个人如果没有亲和力、理解力，只有企图心和自信心，做起销售来可能会比较困难。

快速打造一支核心团队

招到了自己想要的人才，之后最关键的一步就是快速打造核心团队。

刘备之所以最后能够奠定三国鼎立之势，靠的是就是两件事，一件是"桃园结义"，一件是"三顾茅庐"。一个老板要想把生意做好，优秀的人才、优秀的团队必不可少，但想一下子把所有的优秀人员都找出来，这不太现实，而如果能快速找到自己的核心团队就完全不一样了。刘备的聪明之处就在于，创业初期很快就找到了自己的核心团队——关羽、张飞和诸葛亮。

对于一个店面而言，什么是核心

在我看来，一个店面的核心有两个：一个是店长，另一个就是店里最优秀的销售人员。只要店长和最优秀的销售人员稳定，店面的业绩基本上差不了。一个普通店面有4~5个导购，最优秀的那个销售人员的业绩一般能够占到全店业绩的50%，这就意味着其他几个店员的业绩平均仅能占到总业绩的15%~20%。换句话说，核心销售人员随便卖一卖就足够支撑店内的业绩。所以，只要你的核心团队是稳定的，店面生意就稳定，这也就是要快速找到自己核心团队的原因。

优势互补，稳定为王

团队核心的挑选是有标准的：优势互补，稳定为王。前面提到刘备找到三个人——关羽、张飞和诸葛亮，这三位的能力可以说和刘备形成了非常好的互补。作为一个领导者，如果他选人用人比较厉害，就需要找两个能打的，再找一个谋略出众的，这就叫作优势互补。

优秀的核心成员当然好，但如果你招聘的优秀的核心成员全都和你一样，就永远起不到"1＋1＞2"的作用，更谈不上大于3、大于4。那种招人方式只能让团队的能力呈现单独的线性叠加的效果。

如果你是一个非常强势的人，你的店长就不要那么强势的；如果你是一个非常温和的人，你的店长就需要一点强势的气息。

俗话说"铁打的营盘，流水的兵"，可是，如果你的兵在不断地"流动"，营盘又怎么会坚固呢？如果你的兵是流水的兵，营盘就绝对不可能是铁打的。所以，我认为应该换一个说法：保证核心团队的稳定，营盘才能是真正铁打的。

综上所述，如果你的核心团队成员可以做到优势互补，并且能够保持稳定，才能真正形成铁打的营盘，形成稳定的经营团队和管理团队，你的业绩才能稳定。

做好店员培训，实效才是硬道理

有了员工，有了团队，没有培训也是枉然。那么，如何培训员工？我将其概括为两点：一是常态化，二是系统化。

终端店面想要形成稳定、持续的人才输出机制，必须有稳定、持续的培训机制作为辅助，形成常态化和系统化的培训体系。那么，如何让培训在店面成为常态化的工作呢？

第一，设置专职或兼职培训（学习）管理岗位。这一点是由家居建材行业的业态决定的。

第二，要从制度上让培训成为店面的日常工作。老板都知道培训很重要，员工的学习、成长很重要，可是当培训学习与工作相冲突的时候老板的选择是：学习、培训放一放，先把工作做了。事实上，只有让培训、学习成为店面工作的一部分，成为常态，培训才能有实效。

第三，老板亲自参与。之所以要让老板或高管亲自参与，是为了让全体员工知道老板是重视大家学习的，公司管理团队是重视员工成长的，公司请老师来讲课不是一句口号。说到底，培训就是需要全员参与的工作。所以，只有老板亲自参与培训，才能让员工重视、坚持，让培训成为一种常态。

然而，培训常态化只是保证了员工有学习的行为，但不能保证学习的成果。想要让员工有持续性的成长和能力上的突破，培训一定要做到系统化。

系统化培训指的是让员工对涉及本职工作的知识进行系统学习，力争全面把握。这样才能提高员工的专业知识水平和业务能力，使培训取得成效。

PART 7

「高大上」的物联网智能家居

工业 4.0 助推行业发展

人类迎来了工业 4.0 时代。德国是工业 4.0 的发源地，主张未来的行业发展趋势是智能化，通过将信息技术与生产相整合，实现全新的智能商业模式。美国则主张在更广泛的领域发力工业 4.0，他们想把人、数据和工业生产联系起来，从而形成更具有整体性的工业模式——全球工业体系。

工业 4.0 时代的到来，为中国的工业重新整合发展提供了契机。工业 4.0 的到来不仅意味着世界范围内的资源整合与发展，也是国内产业升级的关键。

工业 4.0 的标准之一是家居建材标准化，即由大批量生产转向个性化定制。然而，目前国内从事定制家居的企业恐怕连工业 3.0 也达不到，远远落后于发达国家。中国的家居建材行业原有的建立在资金投入大、劳动密度大基础上的生产经营举步维艰，也就是说，一直以来着重依靠量的积累的中国家居建材行业亟待转变为以量制胜的发展模式，追赶发达国家工业 4.0

的步伐。

进入互联网时代以后，许多传统家居建材行业面临着新的机遇，同时将传统企业的落后状态暴露无疑。

品牌商和消费者	服务和协同	需求和能力
·品牌商无法直达消费者 ·消费者服务以及产品需求无法传递	·家居建材行业大多处于内部ERP或者无信息化状态 ·管理效率低下，信息闭塞，更无对外链接协同	·物流供应链环节服务能力分散，各自为战 ·优劣度差异较大，无合理化评估

图 7-1　传统企业的三大短板

诚然，目前中国定制家居企业离工业 4.0 时代还有一段距离，但不可否认的是，在国内互联网信息产业的带动下，我们正在快速接近工业 4.0 的发展水平，因为当今中国的互联网和软件制造水平让世界惊叹。美国依靠互联网的技术支持和垄断，同时带领欧洲大陆，整体推进了欧洲的工业 4.0 的进程。在中国，我们拥有与美国势均力敌的网络资源，比如世界上最大的电子商务企业阿里巴巴、用户最多的搜索引擎百度，都在为推进中国企业迈进工业 4.0 时代做出贡献。

创新升级是一场亟待解决的"攻坚战"

"创新升级"是行业中近几年来的关键词,事实上大部分行业都面临着产业升级的压力。VR、智能家居的出现,刺激了家居建材行业升级的痛点,不能不升级、不能不转型,已经成为了在这一行业中所有从业人员的普遍共识。

比如,VR是近年行业中的热词,各种VR产品以及与之有关的营销案例层出不穷。无论是装修公司还是家居品牌,都希望借助VR技术为消费者带来更好的产品和用户体验。显然,在越来越注重"颜值"的今天,每个人都希望在视觉上获得更多的刺激,在这种趋势之下,VR会为家居行业带来更多亮点和行业增长点。智能家居的出现,也是工业4.0时代的必然产物。

在过去的10年中,我们享受着智能手机、智能家电为我们带来的便利,在未来的一段时间内,家居行业必然刮起一股智能旋风,为消费者带来更多的选择和享受。

相对于其他领域,家居建材行业虽然有诸多弊端,但是业内人士已经充分认识到了其中的短板。正所谓"穷则思变",许多企业已经提前进入工业4.0的探索期,家居建材行业4.0

同样绕不开智能家居，未来的智能家居系统将包括七大体系：洗护、用水、空气、美食、健康、安全、娱乐居家生活。这些体系将分别对应热水器、净水器、空调、冰箱、洗衣机等家电终端产品。家居4.0将会把智能技术手段和产品与装修进行合理融合，让智能家居真正落地，成为人们生活的一部分。

未来的十年、二十年，没有电子商务这一说，只有"新零售"这一说，也就是说线上线下和物流必须结合在一起，才能诞生真正的"新零售"。

线下的企业必须走到线上去，线上的企业必须走到线下来，线上线下加上现代物流合在一起，才能真正创造出新的零售来。

——马云

智能化家居是什么样子的呢？其实"智能化"包括了三个部分：智能工厂、智能生产和智能物流。智能工厂、智能生产，也就是在智能化的技术下实现工厂管理和大规模生产。以前做家居建材的都是闭门造车，看见一款产品卖得好，就跟风去做同样的产品，但是风向一变，全都砸在自己手里。现在不一样了，互联网使消费者和企业之间的距离缩短了，企业可以很清楚地知道消费者喜欢什么。

那么，智能物流又是什么呢？其实，智能物流就是利用信息手段对物流信息进行整合，使它在有限时间内实现最高效率的物流管理和配送，为生产和服务的其他环节提供支持，同时在最大程度上提升物流管理的能力。

智能家居的新定义

科技的飞速发展，使人类坚信智能化生活状态在不远的将来必定会实现。何为智能化生活呢？

在相当多数人的理解中，智能家居系统不过是远程控制灯光而已，比如，上班前忘记了关灯，使用手机App就能远程控制将灯关掉，下班回家之前亦可远程开灯。事实上，智能家居系统的功能绝非仅此而已，家庭生活的方方面面都会是智能家居系统的应用领域。

想必每一个人在下班回家的时候都希望能立即洗上一个舒舒服服的热水澡。用户经由智能家居系统就能在回家前预先打开热水器，一回家就可以洗上热水澡。智能电动窗帘控制系统自动地调节自动控制功能窗帘，让人们充分享受高科技的舒适及便捷。另外，全新的智能安防系统还可以实行安全防范系统自动化监控管理，一旦住宅不慎发生火灾、有害气体泄露、偷盗等安全事故，安防监控系统可实现自动报警，即使用户在外，也能经由手机和电脑等实时查看监控录像，并实施远程控制环节。这样的智能家居系统带给人们的必定会是全方位舒适、便捷的生活体验。

图 7-2　智能家居系统演示

　　随着人们生活水平的大幅提升以及高新技术给予人们的巨大便利，人工智能蓬勃发展。相关数据表明，智能家居市场规模至 2020 年有望达到千亿量级。故而一些专家表示，随着消费升级，智能家居无疑就是行业的下一个风口，未来增长动力也将从规模扩张向结构升级转变，下一个千亿级蓝海市场应运而生！

　　毫无疑问，家居智能化已经成为这个时代无法逆转的发展潮流。

智能家居以用户体验为上

　　试想一下这样的场景：回家时，双手拎满了东西，天气燥热想快点打开空调,光线太暗想立即打开灯,你该怎么办?此时你只需告诉系统——我回家了,之后所有的工作,系统会自动帮你完成。它能很好地依据当下的时间与照明状态,帮助你开灯、开空调、打开空气净化器等,这一切全靠系统用集成的大脑帮助用户主动分析、自动完成。

智能家居如何整体协同发展,自始至终都是家居建材行业所面临的一个大问题。任何一个智能家居企业要想做到引领行业、占据市场,必须在商业模式上进行突破创新。完整的智能家居生态应由各产业分工协作,构建跨界联盟。智能家居行业存在大量的细分领域,任何一家企业都不可能将全行业覆盖,正确的选择就是构建生态圈。

同时,智能家居要跟上房地产市场的需求,要不断完善应对房地产市场智能化的解决方案,以此来推动、超越行业的发展。不仅如此,智能家居企业更需要具备基于"新生态"模式下强大的资源整合能力,此种聚合效应不仅能产生"1+1＞2"的效果,还能创造出新的板块。由此可见,智能家居生态圈是无限广阔的。

智能家居渐趋成熟

在此,我们仅以LED照明领域为例。在LED照明领域,国内智能照明被炒得非常火热。但回头来看,智能照明是噱头十足但发展甚微的,主要体现为智能照明产业还未成规模、市场接受程度相对较低、智能照明技术尚未成熟等问题。

回首过往,"智能"的理念一度成为LED照明行业的主旋律。大量LED照明厂商进入智能领域，经销商对智能产品及其市场兴趣大增，众多LED照明厂商对智能照明领域的发展前景持肯定态度。虽然众多企业在向智能领域进行积极的探索与尝试，但智能照明普及程度未能尽如人意。

经由不断地探索与尝试，智能照明技术不断进步，带动其他电工产品的智能化也进展迅猛，但智能照明的市场接受度仍不能让人满意。

智能照明作为智能家居的一个有机组成部分，类似于智能家居概念，一度成为人们讨论的重点。虽吸引了很多企业的参与，但在实际应用中，智能照明技术尚未成熟，其市场接受度相对较低。有数据表明，认为智能照明市场接受度不理想的经销商高达四成。

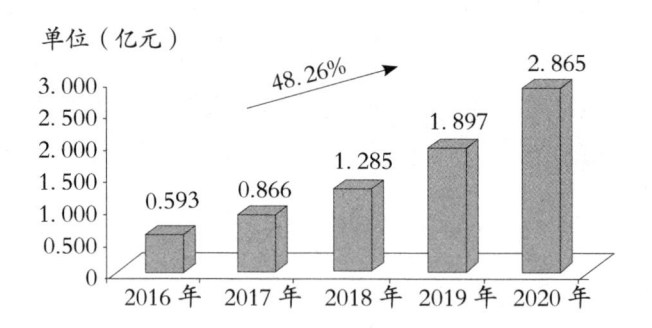

图7-3 预估中国智能家居产业市场规模

造成智能照明市场接受程度不理想的因素有很多：智能照明技术成熟度不够，智能照明市场培育不够，智能照明产品价格居高不下，智能照明市场推广力度欠缺。其中，技术成熟度不够和市场培育不够成为智能照明产品提升接受程度的主要障碍。

调查表明，绝大部分人对智能家居感兴趣，但无人能准确描述出何为智能家居生活。智能照明行业亦然。同时，当下的智能照明产品还无法让用户享受到真正的照明智能化乐趣。

智能照明产品市场接受程度虽仍然不如人意，但不难发现，其市场需求正在逐渐扩大。据研究表明，预计到2020年，整体智能照明市场可达80亿美元的规模，2015年到2020年之间的复合年增长率高达两成。所以，未来智能照明市场份额潜力巨大。

正因为如此，大量企业持续投入智能照明技术的研发，积极培育与拓展智能照明市场，努力让用户更多地享受到智能照明的乐趣，使智能照明产品市场接受程度逐渐提高。

智能照明市场日趋成熟，主要体现在以下两个方面：跨界合作，智能照明技术逐渐完善，智能领域出现了更多可能；广大LED照明经销商对智能照明的兴趣愈发强烈，继而尝试转型升级，希望在智能照明领域有所作为。

首先，从企业层面来说，企业积极地向智能照明转型。2015年，国务院明确指出要统筹布局和推动智能照明电器等产品的研发和产业化，这预示着智能照明将迎来巨大的市场空间。2017年，"互联网+"迅速成为照明电工转型升级的工具，在巨大的市场潜力之下，各大科技巨头也在跨界进入家居智能照明领域，吸引了大量资本和创新技术，智能照明迅速走向成熟。

其次,在LED照明行业,众多传统巨头企业积极布局智能照明产业,这些企业在LED照明原有优势的基础上,更加专注于智能照明技术研发,如今已经站在智能照明的发展前列。

第三,在终端销售市场层面,经销商对智能照明的发展前景有了新的认识,并且试图转型升级。据调查表明,高达七成的经销商愿意代理和销售智能照明产品,而且希望深入地认识智能照明产品。

智能照明产业或许已经走上康庄大道,智能照明企业与经销商势必都能在智能照明领域开拓出一片天空。

掀起智能家居新高潮

智能家居的使用理应具备便捷性,让所有人都能方便操作。但是,随着智能家居功能的多样化,操作越来越复杂,功能的发展并没有带来实用性,反而与用户的真实需求产生背离,华而不实、操作复杂是智能家居无法做到普及的原因之一。老百姓关注智能家居所带来的智慧生活,所以,将智能设备的直观性和便利性发挥到极致是对用户来说最好的体验形式,图形化的控制界面因其操作简单往往也最受消费者欢迎,安装简单、方便、实用一定是未来智能家居发展的趋势。

未来的智能家居产品要更加重视人性化发展。人性化已经成为了消费者的一个基本要求,各行各业都一样,这是竞争的必然结果。智能家居涵盖很多方面,人们选择智能家居也是因为其智能性,例如可以通过物联网技术实现远程遥控,长期的数据分析智能调控，就像请了一个管家一样。但家居智能应该涵盖的不仅仅是物联网，还应该有更多人性化的设计。智能家居不应该是物联网那样冷冰冰的设备的搭建，而应该在设备搭建的同时让用户感受到系统的人性化；根据家庭中不同的区域做不同的场景设计，紧贴个人生活习惯，这样才是人性化，才是人们所乐于接受的。

无论如何，智能家居已经一步步地走近了老百姓。从价格到体验，从产品稳定性到产品外观，从功能性到人性化，各方面都得到了大幅提升。智能家居从业者、与之相关的企业，都能分享智能家居发展的红利。

智能家居的安全问题

设计的安全性必须过关

智能家居方案的设计直接关系到用户的居家安全，所以显得尤为重要。对于整个操作系统来说，一定要特别注意系统的安全性和可靠性，对消费者负责。安全隐患一直是用户所关注的问题，对企业而言，在潜在的安全隐患面前必须做好前期的测试，只有经得起测试的智能家居产品和系统才能经得住用户信任度的考验。

目前智能家居行业在方案设计方面还有很大的提升空间。对于用户的选择能够做到急用户之所急、想用户之所想，才能与用户产生共鸣。对于智能家居用户而言，他们的渴望是享受到更为轻松自在、体贴安心的家居生活，而只有确保这一点，智能家居才会具备进入千家万户的最强大动力，成为人们生活不可或缺的一部分。

智能家居的网络安全

智能家居设备为人们普遍使用的时候，黑客也在蠢蠢欲动。因为智能家居设备的基础是互联网，这也给了黑客可乘之机。智能家居设备被"黑"的消息屡见不鲜：某些智能冰箱被"黑"，开始发送垃圾信息；被破解的智能锁让窃贼轻松入室行窃。这些被"黑"事件警示人们，智能家居设备的网络安全问题需要引起足够重视。

智能家居系统存在安全漏洞

企业运用互联网技术实现了智能家居设备的大部分功能，也正因为如此，黑客能轻而易举地攻破基于Wi-Fi技术的智能家居设备，并窃取视频摄像头的登录信息，或者经由恒温器了解主人的动向，或是经由智能电视偷窥用户家庭的日常生活隐私。

如今市场上的智能家居系统，大多使用的是定制简易版的Linux系统，而且技术成熟度不够，开发者对其安全性也不够重视。此外，很多企业急于抢占智能家居市场，将产品快速推出,在应对网络攻击方面的资源投入不够。种种因素,致使黑客能轻而易举地攻破智能家居系统。

黑客极可能侵入到家庭网络中心,随心所欲地控制智能家居设备。不难想象这样的场景:若你在家里安装了智能马桶,或许有一天,黑客会控制你的智能马桶要挟你:"要想冲马桶,就必须支付赎金。"这绝非天方夜谭,单就技术而言是没有问题的。

据研究表明,智能家居设备的安全漏洞数量极为惊人,而且涵盖甚广,诸如操作密码简单易被破解、连接网络时未加密、设备收集用户个人隐私信息,简直触目惊心,是黑客容易攻击的对象。

智能家居如何防范黑客攻击

如今,抵制黑客入侵的手段愈发丰富,譬如防火墙、加密、设备权限、地域限制、事件监测,在网络安全方面也存在着大量可供借鉴的成功案例,譬如QQ安全机制、网络安全机制。同时亦可结合水印、声纹及其他技术来强化网络安全。

此外,解决智能家居的安全漏洞问题,还必须施压嵌入式系统供应商,让他们完善系统安全。路由器固件及第三方安全软件要时常进行自动更新,与时俱进地保护网络安全,同时,要让用户能更简便地进行操作。当下,用户偏向于选择廉价的Wi-Fi集线器或路由器,这些设备的安全性令人担忧。

强化黑客入侵的高成本及低获利特性。高成本可经由多种手段达成,其中,高效且富有智慧的一环就是法律这一捍卫权益的武器。

近年来，业内愈发重视智能家居的安全性。在智能产品领域，安全性逐渐成为产品的属性，比如安全智能路由器、安全摄像头、安全智能电视。但是，安全形成市场的路还有很长，它如今只被当作成一项公共事务来看待。做智能家居设备，与之配套的，必须将安全这一市场做起来。由于智能家居与人们日常家庭生活的密切关系，任何安全问题都非小事。做智能家居，产品的安全性是重中之重，优质、成熟、安全性高的智能家居产品才是消费者需要及信赖的。

案 例 硬糖——智能家居，让生活更美好

智能硬件行业受到了互联网思维的误导，软件可以靠免费扩大市场份额，但硬件不行。这是硬糖科技创始人李沁的想法。

李沁是北京网河时代科技有限公司创始人。网河时代主要提供智能家居平台的解决方案，其核心技术是利用软件定义网络的虚拟化技术，实现家庭网络的智能化综合管控。推出了"inPlug硬糖"系列智能家居单品，比如全球最小的智能插座、全球首款蓝牙智能开关，硬糖还为一些企业提供智能产品的OEM（代工）及ODM（设计及代工）解决方案。

PART 7 ‖ "高大上"的物联网智能家居　157

添加设备

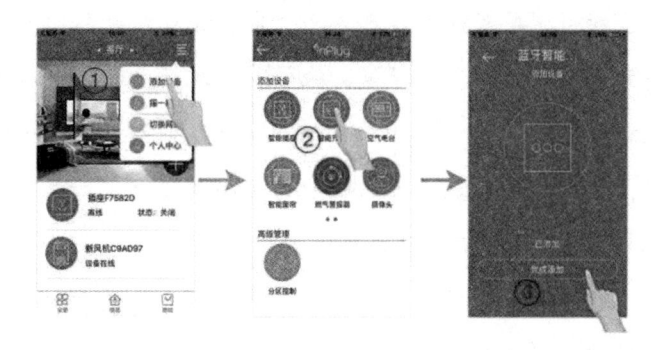

分区组网

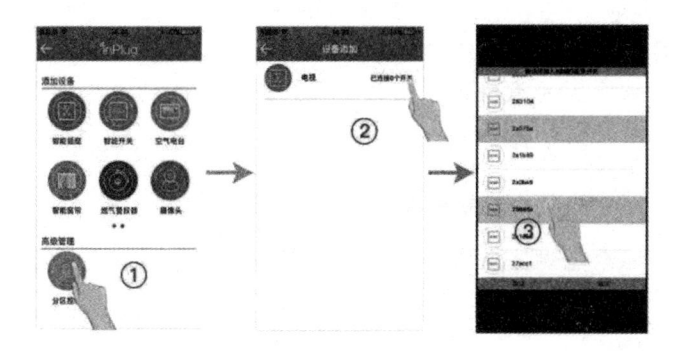

新风机和空气电台绑定

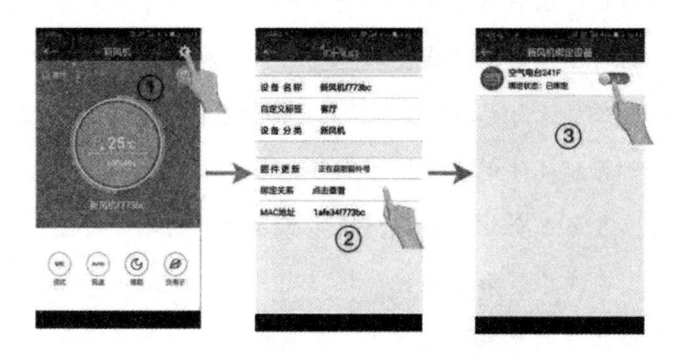

图 7-4　硬糖智能家居的演示步骤

终端的智能化大势所趋

经历一段时间的发展，李沁发现企业对产品的要求较终端而言相对较低，于是，她转而寻求产品的细化和差异化。自2013年开始，李沁带领她的团队向智能硬件方向过渡，希望经由互联网技术改造传统的电气电工行业，智能插座、蓝牙智能开关等产品随之诞生。

硬糖在向智能硬件转向之初，公司虽是盈利的，但未知的市场、未知的用户、未知的发展方向等还是让李沁心有疑惧。但李沁坚信，终端的智能化是大势所趋，管控不仅需要传感器，还要有为其搜集数据的终端，这些终端能保证决策的准确性，任何一个产品所提供的数据都是家居智能化中所必需的。

智能硬件行业被互联网思维所误导

智能硬件市场自2013年起迎来大发展，只经历了短短几年的甜蜜期，智能硬件行业便受困于产品同质化、定价失误等问题，行业投资额度较以往大幅下降。伪需求和概念炒作是围绕智能硬件的核心难题，引发争议，当资本收紧的时候，这些没有技术壁垒又未能把握消费者需求的企业势必会被淘汰掉，投资额度的降低反映出行业趋于理性。

智能硬件无法像软件那样免费，如果智能硬件免费的话，其成本会相当高昂，从第三方收费的路子也是行不通的。究竟谁是第三方呢？智能硬件行业走的大弯路，无疑是被互联网思维所误导了。业内人士都以为用互联网思维能快速地积累用户量，然后获得漂亮的估值，这实则还是一个被资本市场裹挟的产物。硬件自身的规律决定了它无法像软件那样去做，软件能在短时间内迭代升级，硬件的迭代周期则相对较长。

理想主义的特点是专注坚持

硅谷在很大程度上影响着互联网企业，以至于它们会做非常多徒有其表的事。豪华的办公设备并不意味着企业离成功就更近。很多人在应聘求职的时候，对办公环境的要求极为苛刻，这一风气导致的必然是浮躁。在竞争激烈的当今社会，创业者的资源是有限而宝贵的，一分一厘的投资都要确保是花在企业增值的部分上。

对创业企业来说，一定要聚焦，不要分散。

案 例　思和咨询——把社群引入家居行业

在过去十几年当中，思和咨询团队帮助很多商家成为当地的领导品牌，也帮助很多商家成为中国最优秀的代理商。比如中国最大的家居建材行业代理华耐立家、远东神华。一些规模为几十亿元的代理商，背后都有思和咨询团队默默的帮助。

关于如何成为超级代理商，如何打造超级行销系统，成为一流的企业，背后的策略和方法，思和咨询拥有一本活生生的案例书。

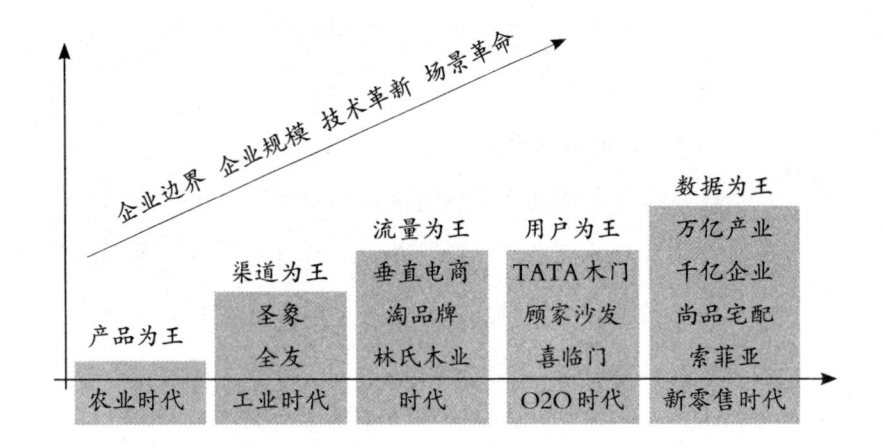

```
                        企业边界 企业规模 技术革新 场景革命 →

                                                          数据为王
                                                          万亿产业
                                          流量为王  用户为王  千亿企业
                                 渠道为王   垂直电商  TATA木门  尚品宅配
                                 圣象      淘品牌   顾家沙发  索菲亚
                        产品为王   全友      林氏木业  喜临门
                        农业时代   工业时代    时代    O2O时代  新零售时代
```

图 7–5 思和咨询的成功案例

　　思和咨询在短短两年的时间，从一家小微企业变成了家居建材行业咨询和培训的一线企业。为什么在短短的两年时间就能够成为行业的老大？原因非常的简单，他们一直在创新和改写游戏规则，在家居建材行业经营咨询和培训事业。

　　2015 年 7 月，思和咨询第一次把社群概念引入家居建材行业，2015 年 8 月导入线上分享的微课模式，实现了两千人同步在线，这是家居建材行业史无前例的事情，思和咨询第一个在家居建材行业成立家居建材行业研究中心，推动资本市场对家居建材行业的认知。思和咨询和上市公司形成战略合作，推动家居建材行业的并购整合。而且思和咨询是第一个给互联网家装和软装公司提供咨询服务的公司，他们把全新的商业模式、经验和方法、策略引入到家居建材行业。这些都是过去通过创新和变革带来的成果。

在家居建材行业，想要了解未来的趋势，知道接下来家居行业如何变革、发展，需要一个不断创新和变革的学习过程。

PART 8

「互联网+」时代的新物流体系

我国物流信息化的现状

物流信息化,是指这一行业的企业利用现代科学技术进行信息采集、产品分类、传递物品、汇总产品、识别信息、跟踪进度、快捷查询货物在物流过程所产生的信息,从而对货物在流动过程中进行有效控制。物流信息化,不仅削减了科学技术未达到时的原始成本,还提升了效益的高效管理。现在,物流信息化逐渐发展成为现代物流的核心标配,是现代物流稳定发展的基础和前提条件。

目前,我国的物流信息化主要有以下特征。

信息化思维提升,信息化发展快速

我国大中型企业大多开始有意识地建立了信息管理系统和企业宣传网站,那些已经建立起管理信息系统的企业用户,他们的系统是由内部局域网和广域网各占大约一半构成的。

企业信息化目前仍处于初期起步阶段

企业网站的应用功能以最基本的操作为主。据调查，我国大部分公司网站的主要功能多是用于企业宣传（40%），其次是信息服务（36%），用于内部通信的占30%，作为电子商务平台的相对较少，大约占21%，但比起前两年正呈现增长势头。

系统功能在内部资源整合，客户关系管理的应用上正在迎头赶上。据调查，已建系统的功能主要集中在仓储管理、财务管理、运输管理和订单管理，这说明如今物流信息化项目大多数还属于第一层。由于物流的基本功能是服务，与用户的关系、对客户的管理已经成为物流企业生存发展的关键因素，因此，客户关系管理的应用正在迎头赶上，这也是新建信息化项目的物流企业必须考虑的一项内容。

信息化的作用主要体现在提高效率和规范管理方面。已建信息系统的企业中大约有三分之一对系统比较满意，原因主要是信息系统提高了效率，规范了管理。

不难看出，我国物流信息水平还比较低。与国际上大的企业相比，国内物流服务企业虽然拥有一些先天的市场优势，但面临着产业结构和运营模式的根本性调整，体制障碍造成了工作效率较低、信息化管理和数据处理水平落后、信息处理不规范、人工重复操作过多，以及人力和资金资源的内耗、浪费等诸多问题。物流信息系统难以升级日益成为国内众多物流企业发展的瓶颈。

物流信息化的必要性

物流信息化能减少物流成本

无论是企业物流还是物流企业，如何对自身物流资源进行优化配置，实施管理和决策，用最小的成本带来最大的效益，是其所面临的最重要的问题。与其他系统不同，物流系统中，大量的信息不仅随时间波动，而且依赖气象和经济条件，是不稳定的。因此，物流管理和决策作业与活动，要实时地分析各种条件，并在最短时间内给出最佳实施方案。诸如配舱、装箱、运输资源的使用、运输路线的选择、工作计划的拟订、人员的安排、库存数量的决策、需求和成本的预测、系统的控制，都需要优化或智能规划。而在物流信息管理系统中，自觉运用智能规划理论和方法，实现管理和决策的最优化、智能化，可以最合理地利用有限的资源，以最小的消耗，取得最大的经济效益。

物流信息化能促进物流流程的重组

物流信息化的直接结果是信息流动加快、信息流动及时准确，而信息的迅速流动直接关系到物流工作流程的平衡。例如，对一个厂商来说，要想实现快速交付，可能采取两种方法，一是在当地的销售办事处积累一周的订单，将其邮寄到地区办事处，在批量的基础上处理订单，把订单分配给配送仓库，然后经由航空进行装运；二是经由速度较慢的水上运输。二者相比，显然前者可能以较低的总成本实现更快的全面交付。由此可见，物流信息化关键的目标是平衡物流系统各个组成部分，这也决定了必须对物流流程进行重组。例如，沃尔玛与供货商合作，建立快速补货体系。沃尔玛对于某供货商每天的销售数据，不仅要发到自己的总部，同时经由RETAILLINK软件包，利用互联网，发送到供货商的计算机系统内。这样，供货商对其商品销售的数据不再是1个月后才能知道。

物流信息化能促使物流的标准化

据估算，若有一个可参照的标准，如今我国物流企业的信息系统开发费用可以降低80%，将各系统连接起来的成本也可以至少减少一半，从而避免大量的低水平的重复开发，节约建设成本。

如今，基于信息技术和现代网络技术的现代物流标准化趋势有三个方面：一是业务流程标准化，体现在信息系统的软件当中，只有把企业的业务流程标准化以后，才有利于信息系统与企业的具体业务相结合；二是信息流标准化，重点是企业各类信息的编码、管理信息、经营数据和技术数据标准化；三是文件格式标准化，主要是为了解决数据的互联与互通。这三个方面的核心任务是实现数据交换和信息共享，这是信息时代先进企业标准化的一个特点。

随着全球经济一体化进程的加快，标准化工作所涉及的领域越来越广泛，发挥的作用也越来越大，国际标准的广泛采用已经成为重中之重，标准化也已成为企业竞争的重要手段。美国很多公司对标准化非常重视，他们经由美国信息技术办公室中国办事机构，频繁向中国有关人士询问有关标准化制定与执行的情况。相比之下，中国企业的标准化意识要弱得多。因此，加快建立高新技术发展的标准化体系，出台支持信息化发展的强制性标准，并积极配合有关部门制定重大工程的信息接口标准，解决物流信息化涉及到的标准化问题，已成为业内普遍关注的话题。

物流信息化促使物流企业提高竞争力

过去传统的物流活动往往表现在仓储、运输或者包装等一些单独的环节上，企业往往非常重视提高这些单一环节的管理水平和管理效率。但是在供应链形成以后，特别是在第三方物流企业形成以后，竞争不再停留在单一的环节上，竞争的焦点是提高整个物流过程或者供应链过程的管理效率和管理水平。特别是中国加入WTO，企业应用物流信息化以后，物流竞争已从环节的竞争转为物流供应链整个过程的竞争。若不采取信息化，物流企业就没有竞争力。

在20世纪80年代早期，很多国际上的物流活动是以提升自动化仓库、多式联运等一些物流设施来提高自身的效率，可以说在信息技术不发达的情况下，物流的技术提升停留在设施能力的提高和设施水平的提高上。随着信息技术的发展和应用，特别是供应链形成以后，更重要的不是单一设施水平的提高，而是经由信息技术把资源整合到一起来提高整体的运作效率。也就是说，信息处理和信息管理的能力决定了整个供应链对市场的反应能力，决定了其对顾客提供高效率、高水平服务的能力。如今在西方发达国家，物流企业的核心竞争力不再体现为高级运输设备和自动化仓库，而体现为对顾客的响应能力，而这种响应能力恰恰是建立在现代信息技术广泛而完善的应用上。物流企业若没有实现信息化，就谈不上对顾客响应能力的提高，就会在竞争中处于劣势。

综上所述，物流是多种科学、诸多内容的全面融合，不可能一次性投入就解决所有的问题，所以，物流企业的信息化建设要有步骤、有计划。有专业人士将物流信息化系统建设总结为以下几个步骤。

步骤一：规范管理流程。信息化建设之前，应该首先对现有管理流程的规范性予以确认，同时明确当下管理存在的不足之处。

步骤二：数据化过程管理。简单而言，物流行业的过程管理分成以下几部分：业务受理、仓储管理、配送管理、客户管理和决策支撑等，还涉及人事部门、分公司、代办点、配货、车辆、货运调度、仓库调拨，有些还会涉及条形码、GPS（全球定位系统）、拣货等。实施信息化建设，必须数据化每一个过程，并用数据将相关过程连接起来，将工作过程管理向数据流管理转变，同时将关键数据指标转换为决策数据。

步骤三：明确信息化建设初期目标和规模。需要依据目标和具体过程予以分析，将整个系统进行阶段划分，阶段划分的依据是对过程管理和数据流管理不构成影响，同时各阶段系统都能独立运行，更能整合运行。所以，在明确初期目标和规模时，最好和物流领域专业的顾问或开发公司合作。

步骤四：解决方案的选择。技术解决方案通常包括系统结构、系统功能、系统投资预测、组网方案、实施方案等内容，同时附带服务承诺等相关内容。技术解决方案的内容千篇一律，为了确定实施的可靠性，还要与集成商就方案细节进行交流。

步骤五：开发商的选择。依据标准的系统解决方案重新明确系统选型的范围和数量，提出切实的初期和远期建设要求，并通知开发商进行设备和系统的标准报价，继而与开发商进行商务洽谈，最终确认适合自己的系统开发商。

步骤六：系统的施工和验收。一是硬件设备的验收，通常按照合同约定的品牌、型号和配置进行，硬件设备大多有生产商印制的标准设备装机单，可以对照进行验收。二是软件设备的验收，通常有阶段性验收和系统交接验收两种。验收主要是体现系统建设方案中的内容，一般都在合同签订时制定标准的验收方案，双方技术人员按标准验收方案进行系统的最终验收工作，完全确认后验收工程师在验收报告上签字，并加盖双方公司的印章。

步骤七：系统运行效果评估。评估功能是否达到系统建设方案的要求，一般达到98%就可以认为合格；评估系统运行界面的优化程度、操作的方便程度和美观性；评估系统的稳定性，达到"7×24小时"稳定运行，基本可以认为合格；评估系统的速度；评估系统的可扩展性；评估是否遵守服务承诺。

步骤八：二期工程的准备。二期项目的建设过程可以参考一期的建设过程，并适当简化操作步骤。二期工程实施的目的一般非常明确，必须将其和一期系统无缝地集成。

"人找货"转变为"货找人"

随着投资规模的持续扩大，智慧物流产业集群效应日益凸显，已成为物流业转型发展的新动能。智慧物流的蓝图徐徐展开，以互联网、大数据、云计算为基础的技术创新，将在不远的将来深刻影响物流行业。

如今，大型自动化流水线和智能机器人越来越多地被仓库所采用。传统作业模式由于自动化流水线而改变，"人找货"转变为"货找人"，作业效率提高的同时，人工投入减少了，一线人员的工作效率和工作难度相应增大。

交通部科学研究院、菜鸟网络联合发布的《中国智慧物流大数据发展报告》显示，2016年中国智慧物流指数全年均值为40.9（满值100），处于快速发展阶段。其中，物流业务数据化程度相对较好；数据基础设施还处于起步阶段；物流协同化处于高速发展中期，基础协同相对成熟，末端协同仍须加强。

产业集群效应初现端倪

中国的智慧物流近几年的投资总体规模持续扩大，物流行业基础信息化建设已过渡到一个比较稳定的状态。多家物流企业表示，提升企业核心竞争力的重要手段之一就是扩大在软硬件上的投入。在此背景之下，技术及资本互相作用，催生出智慧物流产业集群。

如今，各企业竞相加大对物流科技的研发投入。京东物流积极尝试无人仓、无人机、无人车等新技术；菜鸟物流则成立了"E.T.物流实验室"，研发仓内智能搬运机器人、分拨机器人；顺丰推出了"数据灯塔"，让整个物流过程变得数字化、可视化；苏宁物流则积极开发全自动仓储系统，充分利用仓储信息，优化订单管理。

此外，一些物流企业开始对资本运作进行探索，产业迎来整合。物流是非资金密集型行业，发展初期的重点更多的是抢夺市场，对技术及设施等方面的投资重视不够。但从2016年起，一些物流企业开始探索资本运作并相继上市，"运输公司"性质的物流企业逐步被整合。

产业集群效应在此时也初现端倪。海尔集团日日顺联合平台企业及品牌企业，共同建立了智慧物流生态圈；菜鸟网络联合"三通一达"等快递企业，打造中国智能物流骨干网，形成一套开放的社会化仓储设施网络；在贵阳经济技术开发区，占地1300余亩的"数字物流产业示范基地",丰富及完善了以"物流+互联网+金融服务"为特征的中国公路物流新生业态,并形成了物流大数据及相关产业的企业集群。

不过,如今各物流企业之间协同发展的空间还有待进一步扩大。智慧物流,只拥有新技术还远远不够,开放与共享的态度是必不可少、至关重要的。

为物流业提供新动能

国家发展和改革委员会2016年印发的《"互联网+"高效物流实施意见》提出,依托互联网,在物流领域广泛应用先进信息技术,形成开放共享、合作共赢、高效便捷、绿色安全的智慧物流生态体系;而基于互联网的物流新技术、新模式、新业态,将成为行业发展的新动力。

业内专家指出,"互联网+高效物流"助力物流业模式创新,其中包括"互联网+车货匹配""互联网+甩挂运输""互联网+专业物流"等。随着信息技术与物流活动深度融合,依托移动互联网,未来无车承运人对零散运力和货源的整合成为可能。

2016年,我国社会物流总费用与国内生产总值(GDP)的比率为14.9%,比上年下降1.1%。近几年社会物流总费用与GDP的比率持续下降,这与智慧物流的发展密不可分,不过这一数据与欧美发达国家仍有差距。

在这一背景之下,智慧物流为行业提供了降本增效的解决方案,同时成为物流业挖掘发展潜力的最佳方向。物流智能化设备的应用在一定程度上缓解了用工荒、用工贵等难题。如今快递员流动性大、用工成本高昂,多重因素倒逼企业向智慧物流转型。

我们要清楚地认识到,智慧物流还在起步阶段,应用物联网、互联网等新兴技术的广度和深度还处于较低水平,业界对智慧物流持的态度是"短期高估、长期低估",要理性看待。

案 例 家哇云的"SaaS+"之路

2015年8月29日,"互联网+家居物流"产业高峰论坛在佛山市国艺酒店宴会中心隆重召开。

本次大会云集全国工商联家具装饰商会、家居家装电商研究院、阿里菜鸟物流、优秀家居电商企业、优秀物流服务企业等各领域专家,共同解读家居物流行业的"互联网+"形式,研讨家居电商行业如何进行模式创新。

在会上,家哇云执行总裁李结林先生认为家具电商如今到了"不做电商等死,做电商亏死"的两难境地。

"互联网+"已经上升到国家战略,"互联网+"家居是大势所趋,必定会成为下一个增长风口,若不能顺应行业发展,必将被行业淘汰。

从行业发展来看:家居建材行业大而散,而线上销售份额只占家居建材行业整体销售的4%,客单价越做越低,物流服务成本高居不下,用户体验参差不齐等是摆在行业面前的难题，背后是中后台体系缺失严重制约了家居建材行业互联网转型的进度。而且，物流服务行业小而乱，全国大大小小的物流企业就有几千家之多，但千万级收入的只有几家。这表明每家物流企业的服务覆盖范围都有限，家居建材企业同时对接多家服务商，服务标准不统一、流程打不通，用户还直抱怨，简直是花钱不讨好。

正是这样的行业需求催生了"家哇云"。

"家哇云"打通了京东、天猫等主流电商平台，汇聚了日日顺、贝业新兄弟等优秀的物流服务商，同时整合了多个家具产业基地与数百个品牌，以最强大的数据库为企业提供"按约送达、定制特色服务、全系统报价"等最优质的服务。

"家哇云"是如何解决行业痛点的呢？主要靠以下几点。

1. 家哇云平台依托于日日顺家居服务和贝业新兄弟物流，凭借其多年服务行业的经验和服务能力，精耕细作打造行业标杆，整合更多物流资源，作为物流服务标准的输出。

林氏木业与贝业新兄弟物流合作，率先提出"五包服务，一次安装成功，超时赔付"。

喜临门家居的物流痛点是速度比较慢，喜临门和日日顺家居服务联合打造了48小时急速送达服务，再一次突破行业极限。

由贝业新兄弟物流打造的白手套服务一直是爱室丽家具的骄傲，这对提高用户体验也有非常大的帮助。

2. 家哇云平台打通了"品牌商、电商平台、行业ERP、物流服务商"，提供"最优送装线路、送装流程可视化、成本构成比例"等服务。

从最初的物流线路选择，到送装过程，再到个性化服务定制，家哇云数据平台都能提供最优、最适合企业的物流选项，解决企业盲目决策的问题。

全流程的可视化，让客户实时知道自己的货物在何处、处于什么状态，再也不用担心面临连自己的货物在哪儿都不知道的尴尬局面了。

家哇云会为企业制作费用明细表，为企业提供最精准的行业数据报表，这样企业就可以清晰明了地知道自己与同行的差距，以此为依据降低成本，提高效率。

3. 家哇云与日日顺、贝业新、一智通等行业优质资源达成战略合作，共同制定行业服务标准，提升行业服务品质及口碑。

经由本次家居行业峰会，突破了行业原有的瓶颈，一种新的家居物流服务模式诞生了，同时催生了行业服务新标准、新体验，这是家居行业"互联网+"的里程碑。

案 例 沃尔玛给家居行业的启示

沃尔玛是美国最大的超市之一，它是零售业的超级巨头。一家独大的沃尔玛对美国的连锁零售业有什么影响呢？这些影响又能给中国的家居行业带来什么样的启发呢？

沃尔玛在二十世纪初诞生,六七十年代进入连锁零售大发展时期,最终成为美国的头号零售巨头。进入二十一世纪后,连锁零售业占领了全球市场,沃尔玛的触角也延伸到了中国。各种新技术的应用,也让连锁零售业单体规模更大。同时,连锁零售业的发展瓶颈日益显露,而电商模式的应用,让连锁零售商也开始思考如何更好地进行融合。沃尔玛在美国开设了自己的购物网站,在中国收购了电子商务平台"1号店"。这些都是为了与电商模式更好地融合。

对于消费者而言,价格是决定购买的非常重要的因素,甚至在有些消费者眼中,是唯一的决定因素。购买同品类商品,沃尔玛相比其他超市确实是又便宜又好。作为一家全球性企业,沃尔玛运用全球采购系统,在全球范围内寻找供应商,这样不仅能够保证自己的东西质量好,价格也便宜。另外对于本地企业进行本地化的管理和经营,比如沃尔玛中国就实现了95%的本地采购,这样成本更低。

在电子商务发展的过程中,很多人的做法是抵制和对抗,但是沃尔玛做出的决定是迎接与融合。这种与时俱进的精神,让它能够始终占据鳌头。

有消费者认为,只有货比三家才能更好地保证消费者的利益。其实不然,沃尔玛的价格并不贵,同时质量是最好的。为什么会出现这样的情况?因为沃尔玛在与供货商议价的时候,议价能力绝对比普通的小店铺强很多,因此,沃尔玛可以拿到更多、更好、更便宜的商品。另外，当沃尔玛在做促销活动的时候，整个中国市场上的沃尔玛超市同时响应，影响力是巨大的。

对整个行业来说，一家独大也有一定的益处。沃尔玛不仅解决了超过100万人的就业问题，还让全社会都关注连锁零售业，这也将整个行业提高到了全所未有的高度。

借鉴连锁零售行业的发展经验，我们可以规划和预测家居建材行业的未来格局，因为行业都是相通的，发展的历程也会惊人地相似。做好一个行业，并不是只有百花齐放才能赢得未来，更好地整合产业链的上下游，更好地融合新的商业模式，才是我们希望看到的。当然，目的都是希望给消费者提供更多、更好的商品和服务，这样我们的行业才能真正发展下去，并且发展得越来越好。

尾 声

随着社会的发展，越来越多的企业发现终端管理的重要性，渠道扁平化思维越来越深入人心，此时一套不断完善的专卖店制度应运而生。

在制度建立初期，多数专卖店采取加盟的方式，企业的重点也只是针对加盟店进行后续跟进，直接投放资源，代理商逐渐被作为渠道平台来进行主要推广。在这段时间里，专业化卖场、KA卖场（大型终端卖场）逐渐兴起，企业将重点逐步倾斜于这些卖场。而这些卖场在创新后逐渐取代了原始专卖店的形式，发展到后来，更一度成为企业拓展销售业绩的主力军。就在这些卖场客源稳定之时，随之而来的是新一轮生存的较量，迎来了互联网零售时代。互联网零售就这样一点一点地将卖场原有的生存空间蚕食殆尽，可以说，互联网的崛起对于很多企业来说冲击巨大。

这让我想起了当年风靡全球的诺基亚。诺基亚为什么会衰落呢？只是因为产品不适应市场吗？深层次的研究显示，互联网的出现刷新了人们的购物方式。原本消费者到专业卖场或者KA卖场购买产品，消费者所得到的产品信息都是通过销售人员传递出的，而一个优秀的销售人员特别懂得利用销费者的心理促成交易，价格虽然贵一些，但整体品牌的拉动力相对较强，所以一般消费者会选择品牌购买，比如选择诺基亚、联想、小米等品牌。但互联网销售模式出现后，消费者购买产品时，面对的不再是口头转述产品功能的销售人员，而是更详细、更具体的产品展示，以及品牌的拉动性、性价比等，这些都是决定消费者购买的主要因素。

虽然互联网销售模式的出现能够解决企业渠道进程扁平化的问题，但是同时出现了新的问题，使企业发展留下了后遗症，企业如果不能不断创新改变，就会像诺基亚一样，看似规模大，一样会被时代淘汰。在经过了互联网销售模式的冲击后，新零售的概念应运而生了。

互联网形成了"线上+线下"的组合销售模式。企业都非常注重品牌的影响力，一个好的品牌，可以不断地营造销售热点，这是至关重要的。如今，手机上网已经是最平常不过的事情了，用户在手机上浏览新闻更是习以为常，虽然每个人的关注点不同，但关注的热点是相同的。比如在互联网发展初期，在非常有名的《魔兽世界》游戏论坛，出现了一句非常简短的话："你妈妈喊你回家吃饭。"就这么一句简单得不能再简单的话语，引起了社会上的热烈讨论，在那些不怎么玩这款游戏的人中间也传播开来。由此我们可以看出，互联网的热点传播力度是多么强大。

互联网可以带来流量，可以快速推广、提升品牌的曝光度，增加品牌影响力。但是它解决不了一个难题，那就是产品体验，这个难题还需要线下的终端店面来解决。所以，新零售时代可以是以互联网为主，但会以终端店面为辅；也可以是终端店面为主，互联网为辅。二者相辅相成，看厂家如何取舍。

互联网的迅猛发展把人们现有的零售理念全部推翻，令人一下子不知所措。很多人以为互联网就是未来的发展方向，但是，我要说，原先的销售模式也并非不可取，最重要的是如何利用互联网思维去开辟一种全新的零售方式。互联网更应该是一种广阔的思维，使人们抛掉原有僵化的思维，拓展新的方向，从而找到适合企业发展的道路。我认为这才是新零售的方向。

综上所述，未来新零售发展模式有以下趋势。

线上品牌逐渐向线下发展。如今淘宝品牌已实现货品、价格、仓储、物流、结算等线上线下完全融合。

智能化、大数据融入是必然趋势。在新零售时代，随着智能化购物设备的普及，店铺将融入更多科技元素，实现数字化与智能化改造终端，延展店铺空间，构建更加丰富多样的消费场景。

体验为主，将线下客流导入线上。新零售更看重客户体验，着重提升客户黏性与美誉度。

遵循线上线下同款同价原则，凸显符合新时代消费者的消费需求和价值观。

更加开放、分享、联合、整合。新零售要彻底打破以往的零售模式,不论是对于消费者还是对于品牌商、设备商,都要建立更加开放、分享、联合、整合的新的消费生产和零售模式,进而建立基于整个行业的效率最高、成本最低的零售模式。

总的来说,新零售未来一定会推动产生不同于现有业态的零售模式,它不是百货、购物中心或者连锁便利店、大卖场、超市,而是经过变革的新一代的零售模式。